미래와 통하는 책

동양북스 외국어
베스트 도서

700만 독자의 선택!

새로운 도서,
다양한 자료
동양북스
홈페이지에서
만나보세요!

www.dongyangbooks.com
m.dongyangbooks.com

※ 학습자료 및 MP3 제공 여부는 도서마다 상이하므로 확인 후 이용 바랍니다.

홈페이지 도서 자료실에서 학습자료 및 MP3 무료 다운로드

PC

❶ 홈페이지 접속 후 도서 자료실 클릭
❷ 하단 검색 창에 검색어 입력
❸ MP3, 정답과 해설, 부가자료 등 첨부파일 다운로드

* 원하는 자료가 없는 경우 '요청하기' 클릭!

MOBILE

* 반드시 '인터넷, Safari, Chrome' App을 이용하여 홈페이지에 접속해주세요. (네이버, 다음 App 이용 시 첨부파일의 확장자명이 변경되어 저장되는 오류가 발생할 수 있습니다.)

❶ 홈페이지 접속 후 ≡ 터치

❷ 도서 자료실 터치

❸ 하단 검색창에 검색어 입력
❹ MP3, 정답과 해설, 부가자료 등 첨부파일 다운로드

* 압축 해제 방법은 '다운로드 Tip' 참고

중국어뱅크 | 한국인의 한국인에 의한 한국인을 위한 중국어 회화 시리즈

THE GOD OF CHINESE

중국어의 신

이강재 · 이미경 · 초팽염 지음

STEP 1

동양북스

중국어뱅크

중국어의 신 STEP

초판 1쇄 발행 | 2019년 8월 15일
초판 5쇄 발행 | 2023년 4월 20일

지은이 | 이강재, 이미경, 초팽염
발행인 | 김태웅
편집주간 | 박지호
편집 | 김상현, 김수연
디자인 | 남은혜, 김지혜
마케팅 | 나재승
제 작 | 현대순

발행처 | ㈜동양북스
등 록 | 제 2014-000055호
주 소 | 서울시 마포구 동교로22길 14 (04030)
구입 문의 | 전화 (02)337-1737 팩스 (02)334-6624
내용 문의 | 전화 (02)337-1762 dybooks2@gmail.com

ISBN 979-11-5768-536-3 14720
ISBN 979-11-5768-535-6 (세트)

ⓒ 2019, 이강재 · 이미경 · 초팽염

이 도서의 국립중앙도서관 출판예정도서목록(CIP)은 서지정보유통지원시스템 홈페이지(http://seoji.nl.go.kr)와
국가자료공동목록시스템(http://www.nl.go.kr/kolisnet)에서 이용하실 수 있습니다.
(CIP제어번호:CIP2019028897)

《중국어뱅크 중국어의 신》이 나오기까지

1992년 중국과 국교를 수입한 이후 우리나라의 중국어 교육은 비약적인 발전을 거듭하고 있다. 지난 약 30년 동안 중국은 우리에게 4천 억 달러 이상의 무역 흑자를 안겨 주었고, 양국의 인적 교류가 확대되면서 서로에 대한 이해의 폭이 넓어지고 있다. 그럼에도 불구하고 국내의 중국어 교육은 아직 초보적인 단계에 머물러 있으며 우리나라의 실정에 맞는 한국인을 위한 교재의 편찬이 그다지 활발하지는 않다.

집필진은 2014년 당시 단계 중국어 교육에 대한 반성과 미래의 과제를 생각하면서 3년여의 준비를 거쳐 〈The Chinese-중국어의 길〉이라는 제목으로 출판되었다. 이 책이 출판되기 까지 집필진은 국내외의 중국어 교재는 물론 교재 집필을 위한 어휘와 문법 사항에 대한 연구를 진행하였으며 교육과 연계된 평가문항의 개발까지도 살펴보았다. 이를 통해 국내 학습자에게 맞는 교재의 개발이 절실하다는 생각을 하였고 그 노력의 결실이 바로 〈The Chinese-중국어의 길〉이다.

〈중국어뱅크 중국어의 신〉은 〈The Chinese-중국어의 길〉의 수정판으로 약 3년 동안의 준비기간과 약 5년 동안 실제 중국어 교육현장에서 교재로 활용하면서 부족하다고 생각된 점은 보완하고 좋은 점은 더욱 더 부각시켜서 새롭게 수정 보완하여 출판하게 되었다.

〈중국어뱅크 중국어의 신〉은 Step1에서 Step4까지 4단계에 이르는 교재를 출판하는 목표를 가지고 있다. 우리는 이 교재의 출간이 한국적 중국어 교육을 발전시키기 위한 것이라는 믿음을 갖고 있으며, 또한 중국에 대한 이해의 폭을 넓히는 데에도 일조할 것이라 생각한다.

또한 본 교재는 〈서울대학교 교양 외국어 교재 시리즈〉로 기획되었다. 2010년 서울대학교 인문대학에서 교양 외국어 교과과정의 개편을 논의하면서 좀 더 체계적이고 우리 실정에 맞는 교재를 편찬해야 한다는 의견이 많았다. 이 과정에서 서울대학교 인문대학으로부터 교재 연구비를 수령하여 〈The Chinese-중국어의 길〉을 출판하게 되었고, 다시 〈중국어뱅크 중국어의 신〉를 수정 보완하여 새롭게 탄생시키게 되었다.

이 교재는 2012년부터 약 4개 학기 이상 가제본 형태로 제작하여 서울대 교양과정의 '초급중국어1'과 '초급중국어2' 교과목의 교재로 실험적으로 사용되었다. 또 2014년 출판된 이후 다양한 학교에서 중국어 전공 및 교양 교재로 활용되었고, 그 동안 집필진은 우리나라 학습자에게 적합한 교재에 대한 지속적인 논의와 연구를 진행하였으며, 다양한 학교에서 강의를 담당해 주셨던 여러 선생님들의 좋은 의견을 청취할 수 있었다. 또 집필진들이 직접 본 교재를 사용하여 교육하면서 장단점을 발견하게 되었고, 시대적인 변화도 반영하여 좀 더 업그레이드된 교재를 선보이게 되었다. 그동안 강의를 담당해주신 모든 선생님께 이 자리를 빌어 감사를 드리고자 한다.

새롭게 출판하는 교재도 세 사람이 집필하였다. 이 세 사람은 수정본에서도 처음부터 참여하였고, 기존 책의 편찬에 도움을 주신 여러 선생님들께도 다시 한 번 감사를 드린다.

교재의 집필 과정에서 집필진은 교재를 집필하는 것은 대단히 어려운 일이라는 것을 느끼고 있다. 수정본이어서 조금은 쉬울 것으로 생각되었지만 또 다시 새로운 책을 편찬하는 마음으로 집필하게 되었다. 아직도 더 논의를 해야 할 부분이 적지 않을 것이며 여러 가지 문제점이 있을 수도 있다. 그럼에도 우리나라 중국어 교육이 좀 더 발전할 수 있다면 하는 희망과 열정으로 이 작업을 수행할 수 있었다. 끝으로 처음 교재 개발의 동력이 된 연구비를 지원해 준 서울대학교 인문대학, 그리고 그동안 도와주신 여러 선생님과 좋은 수정본을 만들 수 있도록 노력해주신 동양북스 모든 분께 감사를 드린다.

2019년
집필진 일동

이 책의 특징

이 책은 우리나라 학습자와 교육자를 최우선으로 생각하여 만든 교재이다. 따라서 기존의 교재에만 익숙한 사람은 몇 가지 측면에서 어색하게 느껴지는 부분도 있을 것이다. 그러나 저자의 의도를 생각하면서 차분하게 따라가다 보면 어느 교재보다도 우리나라 학습자의 상황을 고려한 실용성을 갖추고 있다는 것을 알 수 있을 것이다. 이 책의 특징은 다음과 같다.

한국인의, 한국인에 의한, 한국인을 위한 중국어 교재이다

중국에서 나온 교재를 우리말로 번역하거나 모방한 경우, 한국인의 특징을 고려하지 않아서 우리의 사고 체계와는 다른 형식을 갖게 되며 결과적으로 몸에 맞지 않는 옷을 입은 것과 같아진다. 가령, 문법 설명 부분에서 항상 해당 문장에 대한 문법 설명이 먼저 나오고 중국어의 다른 예문을 제시하는 방식을 채택하는 교재가 적지 않다. 그러나 한국인은 중국어로 어떤 말을 하고자 할 때 본인이 표현하고 싶은 우리말을 먼저 떠올리고, 그것을 중국어로 바꾸는 방식으로 자신의 의사를 전달한다. 그래서 본 교재에서는 기존의 방식에서 벗어나 한국어가 먼저 제시되고 그 다음에 중국어 예문이 나오고 이어서 문법 설명을 간단하게 제시하고 있다. 이는 이 책이 문법책이 아니라 의사소통 능력을 키우기 위한 회화 위주의 교재라는 점에 초점을 두었기 때문이다.

또한 Step1의 1과는 대화문이 아니라 각각의 문장으로 편성되어 있다. 이는 한국인이라면 누구나 다 알고 있으면서 발음이 편안한 '워아이니(我爱你。)'라는 문장을 통해 학습자들이 중국어를 쉽고 친근하게 접근할 수 있도록 한 것이다.

본문에서 중국어 발음기호인 한어병음을 쓰지 않았다

대부분의 교재는 기초부터 한어병음을 병기한다. 그러나 한어병음이 중국어 아래에 바로 제시되어 있다면 학생들은 중국어 자체에 관심을 집중하기보다 한어병음을 보고 따라 읽는 데 정신을 집중한다. 이 때문에 학습자는 한어병음을 익히는 것에 소홀히 하고 정확하게 익히지 못했음에도 불구하고 이미 익힌 것으로 착각하게 되는 단점이 있다. 본 교재는 집필과 출시 전, 여러 차례의 모의 수업을 통해 한어병음 없이 중국어로 익히는 것의 효과가 더 크다는 것을 직접 확인할 수 있었다.

막강 워크북이 들어 있다

워크북을 제공하는 회화 교재가 늘어나고 있는 추세이다. 하지만 지금까지의 워크북은 적은 수의 문제만 제공함으로써 실제 학습 효과를 거두기 어려웠다. 본 교재는 워크북에서 실질적인 학습 효과를 거둘 수 있도록 의사소통의 4대 영역인 듣기, 말하기, 읽기, 쓰기 모두 워크북에 모두 담고 있다. 뿐만 아니라 난이도가 낮은 것에서부터 높은 것으로, 즉, 말하기, 쓰기, 읽기, 듣기의 순으로 워크북의 체제를 정하였다. 또한 워크북을 홀수 과와 짝수 과의 두 권으로 나누었는데, 이는 학교에서 교재로 쓸 경우 담당 교수가 채점하는 동안에도 학생들이 다른 과의 숙제를 할 수 있도록 배려한 것이다.

중국어 발음에 대한 설명을 교재의 뒷부분에 배치하였다

우리나라 중국어 학습자들은 처음 중국어를 접할 때, 막연하게 발음이 어렵거나 복잡하다고 생각한다. 그 생각이 옳다고 생각하지는 않지만 발음의 부담을 표면적으로라도 줄여 주기 위해 과감하게 교재 뒤쪽에 배치하였다. 교육자들이 처음 중국어를 접하는 학습자들에게 교육할 때나 혹은 혼자서 본 교재로 중국어 공부를 처음 시작하는 분들은 뒷부분에 있는 발음에 대한 설명을 참고하면 된다.

발음 설명에서 실제 음성을 반영하여 기술하였다

본 교재에서 설명하는 성조 곡선, 3성 성조변화, 一와 不 성조변화 등에 대한 내용은 일반 교재와 차이가 난다. 이는 그동안 음성과 관련된 학술적 성과를 반영한 것이며 모두 실제 음성을 근거로 하여 설명한 것이다.

대학의 한 학기 강의 시간에 맞게 구성되었다

보통 대학교에서 한 학기에 15주 혹은 16주 정도 수업을 한다고 볼 때 약 한 주에 1과씩 공부하여 한 학기에 본 교재 한 권 전체를 끝낼 수 있도록 하였다. 이 때문에 전체 10과로 하되 여기에 복습을 위한 두 과를 더하여, 한 학기 동안 지나치게 많거나 적지 않도록 분량을 적절하게 구성하였다. 이를 통해 학습자는 한 학기에 한 권 전체를 학습함으로써 교재 한 권을 끝냈다는 성취감을 느낄 수 있을 것이다.

100문장 익히기를 설정하였다

매 과마다 '외워 봐요!'를 통해 10문장씩 핵심문형을 설정하고 이를 집중적으로 익힐 수 있도록 하였다. 여기에 제시된 100문장을 정확하게 구사하고 말할 수 있다면 이 교재의 내용을 잘 소화했다고 볼 수 있으며 중국 현지의 초급 대화를 충분히 수행해 나갈 수 있을 것으로 기대한다.

〈더 높이 날아 봐요!〉를 통해 실생활 표현을 익히도록 하였다

각 과마다 교재에서 자세하게 다루지는 못했지만 실생활에서 매우 자주 사용하는 표현을 '더 높이 날아 봐요!'라는 코너에서 제시하여 실생활에서 바로 사용할 수 있도록 하였다. 초급 중국어를 학습했더라도 실생활에 꼭 필요한 표현을 익히도록 한 것인데, 강의 중에는 이 부분을 생략하고 넘어갈 수도 있다.

〈즐겨 봐요!〉에 인문학적인 요소가 가미되었다

언어의 학습은 동시에 해당 지역의 문화를 학습하는 것이며 원어민 화자의 사유 방식을 익혀 가는 것이라 할 수 있다. 따라서 본 교재의 '즐겨 봐요!'에서는 각종 인문학적 요소가 가미된 시가, 속어, 동요, 성어 등을 배치하여 중국어의 다양한 표현과 문화를 경험할 수 있도록 하였다.

중국어의 신!

차례

머리말	03
이 책의 특징	05
학습 내용	10
이 책의 활용	12
일러두기	15

01 我爱你 저는 당신을 사랑합니다   16

02 明天你来吗? 내일 당신 오나요?   30

03 这是什么茶? 이것은 무슨 차예요?   44

04 味道怎么样? 맛이 어때요?   58

05 你是哪国人? 어느 나라 사람이에요?   72

复习 1 복습 1   86

06 她多大了? 그녀는 몇 살이에요?   94

07 你的生日是几月几号? 당신의 생일은 몇 월 며칠입니까? 108

08 国家图书馆在哪儿? 국립도서관은 어디에 있어요? 122

09 一共多少钱? 모두 얼마예요?   136

10 今天天气真热啊! 오늘 날씨 정말 덥네요!   150

复习 2 복습 2   164

부록

해석과 정답   173

단어 색인   191

알아두기   196

중국어 발음   197

한어병음표   214

	제목	학습 목표&주요 내용	《배워 봐요!》 내용
01	我爱你	• 중국어 문장 구조를 알 수 있다. 1. 기본 문형 2. 인칭대명사	• 중국어의 기본 문형 • 인칭대명사 • 부사 也 • 부사 都
02	明天你来吗?	• 중국어의 다양한 의문문을 말할 수 있다. 1. 吗 의문문 2. 呢 의문문	• 인사 표현 • 시간명사 • 吗 의문문 • 呢 의문문 • 那
03	这是什么茶?	• 의문사를 활용한 의문문을 사용할 수 있다. 1. 지시대명사 这, 那 2. 의문대명사 什么	• 서술어 是 • 的의 용법 • 好의 용법 • 很의 용법 • 喜欢의 용법
04	味道怎么样?	• 조동사를 사용할 수 있다. 1. 조동사 想 2. 의문사 怎么样	• 想의 용법 • 의문대명사 怎么样 • 표현 不错 • 접속사 和
05	你是哪国人?	• 자신을 소개할 수 있다. 1. 의문대명사 哪 2. 이름 소개	• 이름을 묻는 표현 • 의문대명사 哪 • 조사 吧 • 표현 是的 • 有의 용법 • 양사 个
복습1	复习 1		

	제목	학습 포인트	《배워 봐요!》 내용
06	**她多大了?**	• 나이를 묻고 답할 수 있다. 1. 나이 표현 2. 숫자 표현	• 숫자 표현 • 양사 口 • 정반의문문 • 표현 已经……了 • 나이를 묻는 표현 • 부사 真
07	**你的生日是几月几号?**	• 날짜, 요일, 시간을 말할 수 있다. 1. 날짜, 요일, 시간 표현 2. 연동문	• 날짜, 요일 표현 • 연동문 • 시간 표현
08	**国家图书馆在哪儿?**	• 어떤 장소에 가는 방법을 말할 수 있다. 1. 의문대명사 哪儿 2. 교통수단	• 在의 용법 • 의문대명사 哪儿 • 의문사 怎么 • 교통수단 관련 표현 • 부사 就 • 표현 ……就行
09	**一共多少钱?**	• 위안화 금액을 말할 수 있다. 1. 선택의문문 2. 금액 표현	• 要의 용법 • 접속사 还是 • 표현 多少钱 • 금액 표현 • 동사 给 • 접속사 所以
10	**今天天气真热啊!**	• 날씨와 기온을 말할 수 있다. 1. 날씨 표현 2. 동사 중첩	• 날씨 표현 • 표현 听……说 • 표현 太……了 • 부사 还是 • 동사 중첩
복습 2	**复习 2**		

이 책의 활용 — 본책

도입

학습목표와 내용을 확인할 수 있습니다. 삽화와 함께 제시된 핵심 표현을 들어 보세요.

생각해 봐요!

본문 ①을 한국어 문장으로 먼저 제시하였습니다. 중국 어로는 어떻게 표현될지 미리 생각해 보세요.

말해 봐요!

▶ **본문 ① 대화하기** 회화 속에 기본 단어와 문형, 주요 어법이 모두 녹아 있습니다. 녹음을 들으며 반복하여 따라 읽어 보세요.

▶ **본문 ② 간추려 말하기** 본문의 회화를 평서문으로 간 추린 것입니다. 같은 표현이라도 대화와 평서문에 따 라 어떻게 달라지는지 잘 확인하며 반복하여 읽어 보 세요.

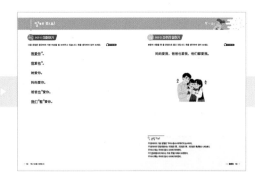

복습 1, 2

다섯 과를 학습한 후 말하기, 독해, 듣기, 쓰기 네 파트로 나누어 각 파트를 골고 루 복습할 수 있도록 구성하였습니다.

즐겨 봐요!

중국어 찬트, 자주 활용할 수 있는 성어, 유명한 시가 등으 로 구성되어 있습니다. 쉬어 가는 느낌으로 한 과의 학습 을 마무리해 보세요.

읽어 봐요!

본문에 나온 새 단어를 학습합니다. 녹음을 듣고 따라하면서 발음과 글자, 뜻까지 완벽하게 암기하세요.

배워 봐요!

초급 단계에서 꼭 필요한 주요 문형과 표현, 문법을 학습합니다. 예문을 반복적으로 읽으며 학습하면 더욱 효과적입니다.

연습해 봐요!

주요 문형을 바탕으로, 단어를 교체하며 반복적으로 학습합니다. 문장 구성 능력을 높이고 주요 문형을 익힐 수 있습니다.

외워 봐요!

외워 두면 회화에서나 시험에서 유용하게 쓸 수 있는 표현들입니다. 통째로 암기하여 자주 활용해 보세요.

더 높이 날아 봐요!

본문 회화의 주제를 바탕으로, 더욱 다양한 표현을 모아 놓았습니다. 문장의 뜻을 보며 단어와 문형을 익혀 보세요.

묻고 답해 봐요!

주요 문형을 바탕으로, 단어를 교체하며 반복적으로 학습합니다. 문장 구성 능력을 높이고 주요 문형을 익힐 수 있습니다.

부록

해석과 정답, 단어 색인, 알아두기, 발음을 정리했습니다.

워크북

말하기, 쓰기, 읽기, 듣기의 네 파트로 나누어 각 파트를 집중적으로 강화할 수 있도록 구성하였습니다. 매 과에서 배운 단어나 표현, 문법을 다양한 유형의 문제들을 풀어 보며 완전하게 이해해 보세요.

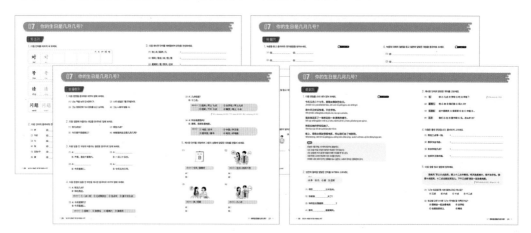

MP3 다운로드

MP3는 동양북스 홈페이지 자료실에서 무료로 다운로드 받으실 수 있습니다.
(http://www.dongyangbooks.com)

일러두기

품사 약어

명사(名词) 고유명사(专名)	명 고유	부사(副词)	부	접속사(连词)	접
대명사(代词)	대	수사(数词)	수	조동사(助动词)	조동
동사(动词)	동	양사(量词)	양	조사(助词)	조
형용사(形容词)	형	전치사(介词)	전	감탄사(感叹词)	감

고유명사 표기

① 중국의 지명은 중국어 발음을 한국어로 표기하는 것을 원칙으로 한다. 단, 우리에게 익숙한 고유명사는 한자의 독음을 표기한다.

　예 北京 베이징　天安门 천안문

② 인명의 경우, 한국 사람의 이름은 한국에서 읽히는 발음으로, 중국 사람의 이름은 중국어 발음대로 표기한다.

　예 韩雨真 한우진　王平 왕핑

등장 인물

韩雨真
Hán Yǔzhēn

한우진

한국인, 대학생

李世明
Lǐ Shìmíng

이세명

한국인, 대학생

林芳
Lín Fāng

린팡

중국인, 대학생

王平
Wáng Píng

왕핑

중국인, 대학생

01

我爱你

- 학습 목표 중국어 문장 구조를 알 수 있다.
- 학습 내용 **1.** 기본 문형 **2.** 인칭대명사

다음 상황을 중국어로 생각해 보세요.

나는 널 사랑해.

나는 그 사람을 사랑해.

그녀는 널 사랑해.

엄마는 널 사랑해.

아빠도 널 사랑해.

우리는 모두 너를 사랑해.

중국어는 어순이 중요합니다. 이 과의 제목인 我爱你를 보면서 한국어와 중국어의 어순을 비교해 보세요.

본문 ① 대화하기

다음 문장은 중국어의 기본 어순을 잘 보여주고 있습니다. 뜻을 생각하며 읽어 보세요.　MP3 01-02

我爱你❶。

我爱他❷。

她爱你。

妈妈爱你。

爸爸也❸爱你。

我们❹都❺爱你。

본문 ② 간추려 말하기

본문의 내용을 한 줄 문장으로 옮긴 것입니다. 뜻을 생각하며 읽어 보세요.　　🎧 MP3 01-03

妈妈爱我，爸爸也爱我，他们都爱我。

🔑 문법 Tip!

❶ 중국어의 기본 문형은 '주어+동사+목적어'의 순서이다.
❷ 중국어의 인칭대명사는 1인칭은 我, 2인칭은 你, 3인칭은 他/她로 나타낸다.
❸ 부사 也는 주어와 동사 사이에 위치한다.
❹ 인칭대명사의 복수는 주로 们을 더해서 표현한다.
❺ 부사 都는 주어와 동사 사이에 위치한다.

본문에 나온 새 단어입니다. 글자, 한어병음, 뜻을 모두 익히세요.　　🎧 MP3 01-04

□ **我** wǒ 때 나

□ **爸爸** bàba 명 아빠, 아버지

□ **爱** ài 통 사랑하다

□ **也** yě 부 ~도, 또한

□ **你** nǐ 때 너, 당신

□ **我们** wǒmen 때 우리, 우리들

□ **他** tā 때 그, 그 사람

□ **都** dōu 부 모두

□ **她** tā 때 그녀

□ **他们** tāmen 때 그들, 그 사람들

□ **妈妈** māma 명 엄마, 어머니

배워 보아요!

초급 단계에서 꼭 필요한 주요 문법입니다. 반복하여 학습하세요.

01 我爱你 🎧 MP3 01-05

• 나는+너를+사랑한다	나는+사랑한다+너를	**我爱你。**
• 나는+그녀를+사랑한다	나는+사랑한다+그녀를	**我爱她。**
• 나는+엄마를+사랑한다	나는+사랑한다+엄마를	**我爱妈妈。**
• 나는+아빠를+사랑한다	나는+사랑한다+아빠를	**我爱爸爸。**

한국어	중국어	영어
나는 너를 사랑한다.	我爱你。	I love you.
주어+목적어+동사	**주어+동사+목적어**	**주어+동사+목적어**

중국어의 기본 문형은 '주어+동사+목적어'의 순서로 영어의 'I love you.'와 같은 구조이지만 한국어의 '나는 너를 사랑한다.'와는 다른 구조이다. 주어와 목적어의 자리에는 명사(명사형)가 올 수 있다. 또 중국어는 유형적으로 고립어에 속하기 때문에 형태변화가 나타나지 않으며, 영어처럼 성·수·격에 따른 동사 변화도 나타나지 않는다.

02 我爱他

 MP3 01-06

- 나는 너를 사랑한다.   我爱你。
- 나는 그 사람을 사랑한다.   我爱他。
- 그 사람은 너를 사랑한다.   他爱你。
- 엄마는 나를 사랑하신다.   妈妈爱我。

1인칭	2인칭		3인칭		
我	你	您	他	她	它
나	너	당신(높임)	그	그녀	그것

중국어의 인칭대명사는 기본적으로 我, 你, 他 세 종류로 나누어진다. 2인칭의 존칭형으로 您이 있고, 3인칭 중 여자일 경우 她를 쓰며, 사물이나 동물의 경우는 它를 쓴다.

03 爸爸也爱你

MP3 01-07

- 그 사람도 너를 사랑한다.   他也爱你。
- 나도 너를 사랑한다.   我也爱你。
- 그 사람도 그녀를 사랑한다.   他也爱她。
- 엄마도 너를 사랑한다.   妈妈也爱你。

부사 也는 '또한' 혹은 '～도'의 의미를 나타내며, 주어와 동사 사이에 위치한다. 중국어의 기본 구조가 '주어＋동사＋목적어'이므로 부사가 출현할 경우 '주어＋부사＋동사＋목적어'의 구조가 된다. 목적어가 없을 경우 '주어＋부사＋동사'이므로 한국어와 어순이 같다.

04 我们都爱你

MP3 01-08

- 나는 너희들을 사랑해.
- 나는 그들을 사랑해.
- 나는 그녀들을 사랑해.
- 그 사람은 너희들을 사랑해.

我爱你们。
我爱他们。
我爱她们。
他爱你们。

	1인칭	2인칭		3인칭		
단수	我	你	您	他	她	它
복수	我们	你们		他们	她们	它们

인칭대명사 뒤에 们을 더하면 복수를 나타낼 수 있는데 您은 们을 더해서 사용하지 않는다.
그밖에 사물을 가리키는 它도 们을 더하여 它们이라고 나타낼 수 있다.

05 我们都爱你

MP3 01-09

- 그들 모두 나를 사랑한다.
- 그들 모두 너를 사랑한다.
- 우리 모두 아빠를 사랑한다.
- 아빠, 엄마 모두 나를 사랑한다.

他们都爱我。
他们都爱你。
我们都爱爸爸。
爸爸、妈妈都爱我。

부사 **都**는 '모두'의 의미를 나타내며, 부사 也와 마찬가지로 주어와 동사 사이에 위치한다.

단어를 교체하며 문형을 익히는 연습입니다. 반복하여 읽어 보세요.

1 [1] [2] [3] [4] [5] MP3 01-10

爱

爱你。

我爱你。

我爱你们。

我们也爱你。

我们都爱你。

爸爸、妈妈都爱你。

2 [1] [2] [3] [4] [5] MP3 01-11

相信

相信你。

我相信你。

我相信你们。

我们都相信你。

我们也相信你们。

爸爸、妈妈都相信你。

3 ⌇ 1 2 3 4 5 🎧 MP3 **01-12**

사랑하다

그 사람을 사랑해.

나는 그 사람을 사랑해.

나는 그들을 사랑해.

우리도 그 사람을 사랑해.

우리 모두 그 사람을 사랑해.

아빠, 엄마 모두 그 사람을 사랑해.

---

4 ⌇ 1 2 3 4 5 🎧 MP3 **01-13**

믿다

그 사람을 믿어.

나는 그 사람을 믿어.

나는 그들을 믿어.

우리도 그 사람을 믿어.

우리 모두 그들을 믿어.

아빠, 엄마 모두 그 사람을 믿어.

단어 相信 xiāngxìn 동 믿다

본문을 응용한 회화 연습입니다. 뜻을 생각하며 읽어 보세요.

MP3 01-14

1

A 我爱你们。
Wǒ ài nǐmen.

B 我们也爱你。
Wǒmen yě ài nǐ.

相信을 넣어서 중국어 구조를 잘 익혀 보세요

2

A 我相信他。
Wǒ xiāngxìn tā.

B 我们也相信他。
Wǒmen yě xiāngxìn tā.

3

A 妈妈爱你们。
Māma ài nǐmen.

B 我们也爱妈妈。
Wǒmen yě ài māma.

4

A 爸爸相信他。
Bàba xiāngxìn tā.

B 妈妈也相信他。
Māma yě xiāngxìn tā.

5

A 我爱你，妈妈。
Wǒ ài nǐ, māma.

B 妈妈也爱你。
Māma yě ài nǐ.

"사랑해요, 엄마" 이렇게 말할 수도 있어요.

더 높이 날아 봐요! 更上一层楼!

실생활에서 바로 사용할 수 있는 좋은 표현입니다. 잘 활용해 보세요.

MP3 01-15

亲爱的……
qīn'ài de……
사랑하는 ~

一见钟情
yíjiàn-zhōngqíng
첫눈에 반하다

我爱上了她。
Wǒ àishang le tā.
나는 그녀를 사랑하게 되었어.

天长地久！
Tiāncháng-dìjiǔ!
영원히 사랑해!

单相思
dānxiāngsī
짝사랑

怎么向她求婚？
zěnme xiàng tā qiúhūn?
어떻게 그녀에게 프러포즈하지?

相思病
xiāngsībìng
상사병

我要向她表白。
Wǒ yào xiàng tā biǎobái.
나 그녀에게 고백하려고 해.

자주 활용할 수 있는 문장입니다. 100문장 암기를 목표로 외워 보세요.

🎧 MP3 01-16

1
我爱你。

2
我相信他。

3
她爱你。

4
他相信我。

5
我们也爱他。

6
爸爸也爱你们。

7
我们都爱你。

8
爸爸也相信他。

9
爸爸、妈妈都爱你。

10
爸爸、妈妈都相信他。

벌써 10문장이 술술!

1	2	3	4	5	6	7	8	9	10
✔									

妈妈骂马 엄마가 말을 꾸짖다
Māma mà mǎ

MP3 01-17

妈妈骑马，
Māma qí mǎ,

엄마가 말을 타는데,

马慢，
mǎ màn,

말이 느려서

妈妈骂马。
māma mà mǎ.

엄마가 말을 꾸짖는다.

ma 소리를 내는 '妈 mā(엄마)', '马 mǎ(말)', '骂 mà(꾸짖다)'로 성조 연습을 해 보세요. 중국어는 같은 자음과 모음이라도 이와 같이 성조에 따라 의미가 달라지므로, 초급 단계에서 성조를 정확하게 연습하는 것이 중요해요.

02

明天你来吗?

- 학습 목표　중국어의 다양한 의문문을 말할 수 있다.
- 학습 내용　**1.** 吗 의문문　**2.** 呢 의문문

다음 상황을 중국어로 생각해 보세요.

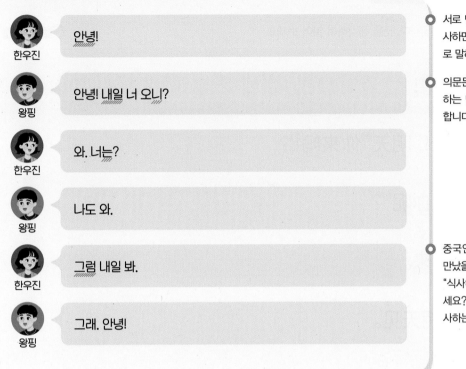

한우진 안녕!

왕핑 안녕! 내일 너 오니?

한우진 와. 너는?

왕핑 나도 와.

한우진 그럼 내일 봐.

왕핑 그래. 안녕!

○ 서로 만나서 누군가가 인사하면 상대방은 같은 말로 말하면 됩니다.

○ 의문문은 '～까?'에 해당하는 단어 ……吗를 이용합니다.

○ 중국인들은 친한 사람을 만났을 때 "어디 가세요?", "식사하셨어요?", "출근하세요?"와 같은 식으로 인사하는 경우가 많습니다.

말해 봐요!

인사에 중점을 둔 대화입니다. 뜻을 생각하며 읽어 보세요.

MP3 02-02

韩雨真　你好❶!

王平　　你好! 明天❷你来吗❸?

韩雨真　来。你呢❹?

王平　　我也来。

韩雨真　那❺明天见。

王平　　好。再见!

본문 ② 간추려 말하기

본문의 대화를 평서문으로 옮긴 것입니다. 뜻을 생각하며 읽어 보세요.

🎧 MP3 02-03

明天他来，明天我也来，我们明天见。

🔑 문법 Tip!

❶ 중국인의 대표적인 인사 표현이다.
❷ 시간명사는 주어 앞 혹은 주어 뒤에 위치한다.
❸ 평서문 끝에 '……吗?'를 붙인 의문문이다.
❹ 명사나 대명사의 뒤에 呢를 붙인 생략의문문이다.
❺ 那는 '그러면', '그럼'의 의미를 나타낸다.

👄 발음 Tip!

3성 변화
3성이 두 개 이상 연이어 나올 때는 앞에 오는 3성이 2성으로 변화하는데, 이것을 '3성 변화'라고 한다.

 • 我也来。 Wǒ yě lái. ○ Wó yě lái.

본문에 나온 새 단어입니다. 글자, 한어병음, 뜻을 모두 익히세요.

🎧 MP3 02-04

☐ **你好** nǐ hǎo 안녕하세요, 안녕[만날 때 하는 인사]

☐ **明天** míngtiān 명 내일

☐ **来** lái 통 오다

☐ **吗** ma 조 ~까?[문장 끝에 쓰여 의문을 나타냄]

☐ **呢** ne 조 ~은/는?[문장 끝에 쓰여 생략 의문을 나타냄]

☐ **那** nà 접 그러면, 그럼

☐ **见** jiàn 통 만나다

☐ **好** hǎo 형 좋다

☐ **再** zài 부 다시, 또

☐ **再见** zàijiàn 잘 가, 안녕[헤어질 때 하는 인사]

배워 봐요!

学一学!

초급 단계에서 꼭 필요한 주요 문법입니다. 반복하여 학습하세요.

01 你好!

🎧 MP3 02-05

- Ⓐ 안녕!   **你好!**

  Ⓑ 안녕하세요!   **您好!**

- Ⓐ 잘 가! / 다시 만나요!   **再见!**

  Ⓑ 안녕히 가세요! / 다시 만나요!   **再见!**

중국인이 만났을 때 하는 인사 표현 중 대표적인 것이 '你好!'이다. 상대방이 你好라고 인사하면 你好라고 대답한다. 상대방이 연세가 많거나 공식적인 자리에서 인사할 때는 您好로 상대방을 높이기도 한다. 헤어질 때 하는 인사는 再见이며, 상대방도 再见으로 대답한다. 요즘은 영어 'Bye!'를 중국어로 표현한 '拜拜(Bàibai)!'도 많이 사용한다.

02 明天你来吗?

🎧 MP3 02-06

- 모레 너 오니?   **后天你来吗?**
- 너 내일 가니?   **你明天去吗?**
- 내년에 너 한국에 오니?   **明年你来韩国吗?**
- 너 올해 중국에 가니?   **你今年去中国吗?**

그저께	어제	오늘	내일	모레
前天 qiántiān	昨天 zuótiān	今天 jīntiān	明天 míngtiān	后天 hòutiān
재작년	작년	올해	내년	내후년
前年 qiánnián	去年 qùnián	今年 jīnnián	明年 míngnián	后年 hòunián

시간명사는 문장에서 주어 앞이나 주어 뒤에 위치할 수 있다. 날과 해를 나타내는 단어는 대부분 형태가 유사하지만, 昨天과 去年은 다르기 때문에 특히 유의해야 한다.

단어   去 qù 图 가다 | 韩国 Hánguó 고유 대한민국 | 中国 Zhōngguó 고유 중국

03 明天你来吗?

- 선생님은 내일 오세요.
  선생님은 내일 오세요?
- 우리는 올해 한국에 가요.
  너희는 올해 한국에 가니?

老师明天来。
老师明天来吗?
我们今年去韩国。
你们今年去韩国吗?

중국어의 의문문은 마치 한국어의 '-ㅂ니까?', '-니?'처럼 평서문 끝에 '……吗?'를 붙여서 표현한다.

단어 老师 lǎoshī 명 선생님

04 你呢?

- ……, 선생님은?
- ……, 내일은?
- 선생님은 내일 오셔, 너는?
- 우리는 중국에 가. 너희들은?

……, 老师呢?
……, 明天呢?
老师明天来，你呢?
我们去中国，你们呢?

呢는 명사나 대명사의 뒤에 놓여 생략 형태의 의문문을 만들 수 있다. 한국어의 '나 학교에 가는데, 너는?'이라는 문장에서 '너는'의 경우와 같다.

05 那明天见

MP3 02-09

- 그럼 모레 만나.
- 그럼 너 내일 와.
- 그럼 나도 올게.
- 그럼 우리 내일 다시 만나자.

那**后天**见。

那**你明天来**。

那**我也来**。

那**我们明天再见**。

那는 '그러면', '그럼'의 의미를 나타내며 매우 자주 사용하는 단어이다. 또 지시하는 '그것', '그'의 의미로 쓰이기도 한다.

단어를 교체하며 문형을 익히는 연습입니다. 반복하여 읽어 보세요.

1 [1] [2] [3] [4] [5] 🎧 MP3 02-10

来

我来。

他也来。

你来吗?

他也来吗?

他来，你呢?

今天他们都来。

明天你也来吗?

今天他们都来吗?

明天他们都来，你们呢?

2 [1] [2] [3] [4] [5] 🎧 MP3 02-11

看

看书。

他看书。

你看书吗?

你也看书吗?

我看书，你呢?

今天他们都看书。

他也看书，你呢?

我们也看书，你们呢?

今天他们都看书，你呢?

3

1 2 3 4 5 | MP3 02-12

가다

가니?

너는 가니?

그 사람은 가니?

그 사람도 가니?

너희 모두 가니?

그들도 가니?

그 사람은 가, 너는?

우리도 가, 너희들은?

아빠, 엄마 모두 가, 너희들은?

4

1 2 3 4 5 | MP3 02-13

믿다

너를 믿어.

그 사람은 너를 믿어.

그 사람은 너를 믿니?

그 사람도 너를 믿어.

우리 모두 그 사람을 믿어.

그 사람도 너를 믿니?

그 사람은 너를 믿어, 너는?

우리도 그 사람을 믿어, 너희들은?

아빠, 엄마도 그 사람을 믿어, 너희들은?

단어 看 kàn 동 보다 | 书 shū 명 책

본문을 응용한 회화 연습입니다. 뜻을 생각하며 읽어 보세요.

🎧 MP3 02-14

1

A 你好!
Nǐ hǎo!

B 你好!
Nǐ hǎo!

2

A 明天见!
Míngtiān jiàn!

B 明天见!
Míngtiān jiàn!

3

A 对不起!
Duìbuqǐ!

B 没关系!
Méi guānxi!

> 对不起!의 不가 경성인 점에 유의 하세요.

4

A 谢谢!
Xièxie!

B 不客气!
Bú kèqi!

> 谢谢!의 두 번째 음절을 가볍고 짧게 발음하세요.

5

A 再见!
Zàijiàn!

B 再见!
Zàijiàn!

> 再见!의 두 번째 음절을 조금 더 강하게 발음하세요.

🔤 **단어** 对不起 duìbuqǐ 동 미안하다 | 没关系 méi guānxi 관용 관계없다, 괜찮다 | 谢谢 xièxie 동 감사하다 | 不客气 bú kèqi 관용 천만에요, 별말씀을요

실생활에서 바로 사용할 수 있는 좋은 표현입니다. 잘 활용해 보세요.

MP3 02-15

回头见!
Huítóu jiàn!
다음에 봐!

明儿见!
Míngr jiàn!
내일 봐!

下次再见吧!
Xiàcì zài jiàn ba!
다음에 봐!

不见不散。
Bú jiàn bú sàn.
꼭 만나자.

一会儿见!
Yíhuìr jiàn!
좀 있다 만나자!

后会有期!
Hòuhuì-yǒuqī!
다음 만남을 기약합니다!

对不起，亲爱的。
Duìbuqǐ, qīn'ài de.
미안해, 자기야.

实在抱歉。
Shízài bàoqiàn.
대단히 죄송합니다.

외워 봐요!

背一背!

자주 활용할 수 있는 문장입니다. 100문장 암기를 목표로 외워 보세요.

MP3 02-16

11
明天你来吗?

12
明天我来。

13
你也来吗?

14
我后天来。

15
明天我也来。

16
你也去中国吗?

17
明天我来，你呢?

18
那明天见。

19
我们明天都来。

20
再见!

벌써 20문장이 술술!

11	12	13	14	15	16	17	18	19	20
✓									

开心一下!

즐겨 봐요!

娇娇，巧巧和萧萧
Jiāojiao, Qiǎoqiao hé Xiāoxiao

MP3 02-17

쟈오쟈오, 챠오챠오와 샤오샤오

娇娇过桥找巧巧，
Jiāojiao guò qiáo zhǎo Qiǎoqiao,

쟈오쟈오는 다리를 건너 챠오챠오를 찾고,

巧巧过桥找萧萧。
Qiǎoqiao guò qiáo zhǎo Xiāoxiao.

챠오챠오는 다리를 건너 샤오샤오를 찾는다.

萧萧桥上遇娇娇，
Xiāoxiao qiáo shàng yù Jiāojiao,

샤오샤오는 다리에서 쟈오쟈오를 우연히 만났고,

娇娇桥上遇巧巧，
Jiāojiao qiáo shàng yù Qiǎoqiao,

쟈오쟈오는 다리에서 우연히 챠오챠오를 만났고,

巧巧桥上遇萧萧。
Qiǎoqiao qiáo shàng yù Xiāoxiao.

챠오챠오는 다리에서 우연히 샤오샤오를 만났다.

三人又说又是笑，
Sān rén yòu shuō yòu shì xiào,

세 사람은 말하고 웃으면서,

一起去看新嫂嫂。
yìqǐ qù kàn xīn sǎosao.

함께 새 형수를 만나러 갔다.

03

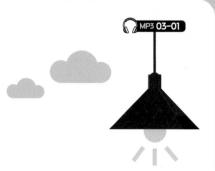

这是什么茶?

○ 학습 목표   의문사를 활용한 의문문을 사용할 수 있다.

○ 학습 내용   1. 지시대명사 这, 那   2. 의문대명사 什么

다음 상황을 중국어로 생각해 보세요.

한우진
이것은 무슨 차야?

왕핑
이것은 재스민차야.

한우진
한국의 차야?

왕핑
아니, 중국 거야.

한우진
맛있어?

왕핑
맛있어.

> 차를 소개하면서 이루어지는 대화입니다. '이것', '무엇', '〜의' 등의 표현에 유의하면서 공부해 보세요.

본문 ① 대화하기

차를 주제로 한 대화입니다. 뜻을 생각하며 읽어 보세요.

🎧 MP3 03-02

韩雨真　　这是①什么茶?

王平　　　这是茉莉花茶。

韩雨真　　是韩国的②茶吗?

王平　　　不是，是中国的③。

韩雨真　　好喝④吗?

王平　　　很⑤好喝。

본문 ② 간추려 말하기

본문의 대화를 평서문으로 옮긴 것입니다. 뜻을 생각하며 읽어 보세요.

🎧 MP3 03-03

中国人喜欢⑥喝茶。这是茉莉花茶，茉莉花茶很好喝。

🔑 문법 Tip!

❶ 是는 '~이다'라는 의미의 동사로, 부정은 不是로 나타낸다.

❷ 的는 소유나 수식 관계를 나타내며 '~의', '~한'의 의미이다.

❸ '명사＋的'로 쓰여 '~것', '~한 것'의 의미를 나타낸다.

❹ '좋다'라는 의미의 형용사 好가 동사 喝와 결합하면 '마시기 좋다' 즉 '맛있다'라는 뜻을 나타낸다.

❺ 부사 很은 '매우'라는 의미가 있지만, 습관적으로 很을 사용하는 경우가 많다.

❻ 喜欢은 뒤에 명사형 목적어나 '동사＋목적어'로 이루어진 동사구도 위치할 수 있다.

👄 발음 Tip!

什么의 발음

什么는 '2성＋경성(shénme)'으로 이루어진 단어이지만 실제로 중국인들이 말할 때는 2성이 3성으로 바뀌어서 '3성＋경성 (shěnme)'으로 발음하는 경우가 많다.

· 这是什么? Zhè shì shénme? ○ Zhè shì shěnme?

不의 성조 변화

부정부사 不는 원래 bù이지만, 뒤에 4성이 올 경우 bú로 발음한다.

· 不去 bù qù ○ bú qù

读一读!

본문에 나온 새 단어입니다. 글자, 한어병음, 뜻을 모두 익히세요.

🎧 MP3 03-04

□ **这** zhè / zhèi 때 이, 이것

□ **是** shì 통 ~이다

□ **什么** shénme 때 무엇, 무슨

□ **茶** chá 명 차

□ **茉莉花** mòlìhuā 명 재스민(jasmine)

□ **韩国** Hánguó 고유 한국

□ **的** de 조 ~의, ~것, ~하는 사람

□ **不** bù 부 ~이 아니다

□ **中国** Zhōngguó 고유 중국

□ **喝** hē 통 마시다

□ **好喝** hǎohē 형 맛있다[마시는 종류의 음식이나 음료에 씀]

□ **很** hěn 부 매우, 아주

□ **人** rén 명 사람

□ **中国人** Zhōngguó rén 중국 사람

□ **喜欢** xǐhuan 통 좋아하다

배워 봐요!

초급 단계에서 꼭 필요한 주요 문법입니다. 반복하여 학습하세요.

01 这是什么茶?

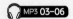 MP3 03-05

- 저는 학생입니다.
- 그분은 저의 선생님입니다.
- Ⓐ 너희 아버지는 선생님이시니?
  Ⓑ 우리 아빠는 선생님이 아니야.

我是学生。
他是我的老师。
你爸爸是老师吗?
我爸爸不是老师。

是는 '~이다'라는 의미의 동사로, 'A是B'는 'A는 B이다'를 나타내는 표현이다. 이것을 부정하면 'A는 B가 아니다'이고 이는 부정부사 不를 사용하여 'A不是B'로 나타낸다. 중국어의 기본 구조가 '주어+부사+동사+목적어'이므로 부정부사인 不는 주어와 동사 사이에 위치한다.

단어 学生 xuésheng 몡 학생

02 是韩国的茶吗?

MP3 03-06

- Ⓐ 이것은 너의 책이니?
  Ⓑ 이것은 나의 책이야.
- Ⓐ 그것은 네 엄마의 책이니?
  Ⓑ 아니, 그것은 나의 책이야.

这是你的书吗?
这是我的书。
那是你妈妈的书吗?
不是，那是我的书。

的는 소유나 수식 관계를 나타내며 '~의', '~한'의 의미로 해석된다.

단어 那 nà 떼 저, 저것, 그, 그것

03 不是，是中国的

🎧 MP3 **03-07**

- 이것은 나의 것이야.　　　　　　　　　　　　这是我的。
- 그것은 엄마 것이야.　　　　　　　　　　　　那是妈妈的。
- 이것은 한국 것이고, 중국 것이 아니야.　　　这是韩国的, 不是中国的。
- 이것은 엄마의 것이야?　　　　　　　　　　　这是妈妈的吗?

的는 소유나 수식 관계 외에도 명사형 구조를 만들어 '~것', '~한 것'이라는 의미를 나타내기도 한다.

04 好喝吗?

🎧 MP3 **03-08**

- 중국 차 맛있어?　　　　　　　　　　　中国茶好喝吗?
- 그 사람 이름은 듣기 좋다.　　　　　　他的名字很好听。
- 그녀의 휴대전화는 예쁘다.　　　　　　她的手机很好看。
- 한국의 사과는 맛있다.　　　　　　　　韩国的苹果很好吃。

'좋다'라는 의미의 형용사 好는 看, 听, 吃 등 일부 동사와 결합하여 '~하기 좋다'라는 뜻을 나타낸다.

단어 名字 míngzi 몡 이름 | 听 tīng 통 듣다 | 好听 hǎotīng 혱 듣기 좋다 | 手机 shǒujī 몡 휴대전화 | 好看 hǎokàn 혱 보기 좋다, 아름답다 | 苹果 píngguǒ 몡 사과 | 吃 chī 통 먹다 | 好吃 hǎochī 혱 먹기 좋다, 맛있다

05 很好喝

 MP3 03-09

- Ⓐ 재스민차 맛있니?
  Ⓑ 맛있어.

  茉莉花茶好喝吗?
  很好喝。

- Ⓐ 내 휴대전화는 예쁘니?
  Ⓑ 예뻐.

  我的手机好看吗?
  很好看。

부사 很은 '매우'라는 의미가 있지만, 현대 중국어에서는 '매우'라는 의미를 나타내지 않더라도 습관적으로 很을 사용하는 경우가 많으며, '매우'의 의미를 강조하고 싶을 때는 很을 강하게 발음한다. 중국어는 형용사가 있을 때 일반적으로 그 앞에 부사를 두는데 정도의 크고 작음을 반드시 표시하지 않아도 될 때 주로 很을 사용한다. 很은 평서문에 주로 사용하고, 일반적으로 의문문에서는 사용하지 않는다.

06 中国人喜欢喝茶

 MP3 03-10

- 나는 너를 좋아해.
- 나는 그 사람을 좋아하지 않아.
- 그 사람은 나를 좋아해.
- 그 사람은 나를 매우 좋아해.

  我喜欢你。
  我不喜欢他。
  他喜欢我。
  他很喜欢我。

喜欢은 '좋아하다'의 뜻을 가진 동사이므로 뒤에 명사형 목적어가 위치할 수 있다.

- 나는 차 마시는 것을 좋아한다.
- 나는 책 보는 것을 좋아한다.
- 나는 사과 먹는 것을 좋아하지 않는다.
- 나는 휴대전화 보는 것을 좋아하지 않는다.

  我喜欢喝茶。
  我喜欢看书。
  我不喜欢吃苹果。
  我不喜欢看手机。

喜欢은 명사형 목적어뿐만 아니라, '동사+목적어'로 이루어진 동사구도 목적어로 가질 수 있다.

단어를 교체하며 문형을 익히는 연습입니다. 반복하여 읽어 보세요.

1 ① ② ③ ④ ⑤ 🎧 MP3 03-11

书

这是书。

这是书吗?

这是汉语书。

这也是汉语书。

这不是汉语书。

这不是汉语书吗?

这是我的汉语书。

这不是我的汉语书。

这也是你的汉语书吗?

2 ① ② ③ ④ ⑤ 🎧 MP3 03-12

什么

这是什么?

那是什么?

这是什么花?

那是什么花?

这是什么茶?

你喝什么茶?

你喜欢喝什么茶?

你喜欢看什么书?

你喜欢看什么电影?

3

1 2 3 4 5 MP3 03-13

휴대전화

그것은 휴대전화야.

그것은 휴대전화니?

그것도 휴대전화야.

그것은 휴대전화가 아니야.

그것은 휴대전화가 아니니?

그것도 휴대전화가 아니야.

그것은 나의 휴대전화야.

그것은 나의 휴대전화가 아니야.

그것도 너의 휴대전화니?

4

1 2 3 4 5 MP3 03-14

맛있다

매우 맛있다.

맛있어?

맛없어.

중국차 맛있어?

보기 좋다.

매우 보기 좋다.

내 휴대전화 예뻐?

네 이름은 듣기 좋아.

재스민차는 맛있어.

단어 汉语 Hànyǔ 명 중국어 | 花 huā 명 꽃 | 电影 diànyǐng 명 영화

본문을 응용한 회화 연습입니다. 뜻을 생각하며 읽어 보세요.   MP3 03-15

1

A 这是什么书?
Zhè shì shénme shū?

B 这是汉语书。
Zhè shì Hànyǔ shū.

2

A 那是什么?
Nà shì shénme?

B 那是韩国茶。
Nà shì Hánguó chá.

那는 '그', '그것', '저', '저것'을 모두 가리킬 수 있습니다.

3

A 这是你的书吗?
Zhè shì nǐ de shū ma?

B 这是我的书。
Zhè shì wǒ de shū.

4

A 你喝什么茶?
Nǐ hē shénme chá?

B 我喝茉莉花茶。
Wǒ hē mòlìhuāchá.

5

A 中国茶好喝吗?
Zhōngguó chá hǎohē ma?

B 很好喝。
Hěn hǎohē.

질문할 때는 很을 넣지 않고, 대답할 때는 很을 넣는 것에 유의하세요.

실생활에서 바로 사용할 수 있는 좋은 표현입니다. 잘 활용해 보세요. 🎧 MP3 03-16

我来泡茶。
Wǒ lái pào chá.
내가 차를 끓일게.

请用茶。
Qǐng yòng chá.
차 좀 드세요.

以茶代酒。
Yǐ chá dài jiǔ.
술 대신 차 마실게요.

喝杯茶吧。
Hē bēi chá ba.
차 한 잔 하세요.

请慢用。
Qǐng mànyòng.
천천히 드세요.

我敬您一杯茶。
Wǒ jìng nín yì bēi chá.
제가 차 한 잔 올릴게요.

请喝茶。
Qǐng hē chá.
차 드세요.

我给你倒杯茶。
Wǒ gěi nǐ dào bēi chá.
내가 너한테 차 한 잔 따라 줄게.

자주 활용할 수 있는 문장입니다. 100문장 암기를 목표로 외워 보세요.

MP3 03-17

21
这是什么？

22
那是什么？

23
那是他的书。

24
他是你的学生吗？

25
他是我的学生。

26
我喜欢看书。

27
这不是我的书，那也不是我的书。

28
你喜欢看书吗？

29
我们都喜欢喝中国茶。

30
我们都不喜欢喝茶。

벌써 30문장이 술술!

21	22	23	24	25	26	27	28	29	30
✓									

拉拉手 손을 잡다
Lālā shǒu

拉拉手，拍拍手，　　손 잡고 박수 치고
Lālā shǒu,　　　pāipāi shǒu,

我们都有一双手。　　우리는 양손이 있네.
wǒmen dōu yǒu yì shuāng shǒu.

洗脸刷牙又梳头。　　세수하고 양치하고 또 머리도 빗네.
Xǐliǎn shuāyá yòu shūtóu.

做早操，拍皮球，　　아침 체조하고 공놀이하고
Zuò zǎocāo,　　pāi píqiú,

画画也要用小手。　　그림 그리는 것도 작은 손으로 하네.
huàhuà yě yào yòng xiǎo shǒu.

小小手，小小手，　　작은 손, 작은 손
Xiǎoxiǎo shǒu,　　xiǎoxiǎo shǒu,

你是我的好朋友。　　너는 나의 좋은 친구야.
nǐ shì wǒ de hǎo péngyou.

04

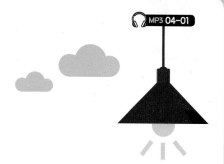

味道怎么样?

- 학습 목표　조동사를 사용할 수 있다.
- 학습 내용　**1.** 조동사 想　**2.** 의문사 怎么样

생각해 봐요!

想一想!

다음 상황을 중국어로 생각해 보세요.

한우진 너 뭐 먹고 싶니?

왕핑 나는 볶음면 먹고 싶은데, 너는?

한우진 나는 볶음밥 먹고 싶어. 볶음면은 먹고 싶지 않아.

왕핑 좋아. 여기요, 주문할게요!

......

왕핑 맛이 어때?

한우진 정말 괜찮아.

중국 식당에서 음식을 주문하고 있습니다. 음식을 주문할 때 사용하는 표현에 주의하세요.

중국에서 주문할 때 종업원을 부르는 말은 지역, 사람마다 매우 다양합니다.

본문 ① 대화하기

음식을 주제로 한 대화입니다. 뜻을 생각하며 읽어 보세요.

MP3 04-02

韩雨真　你想❶吃什么？

王平　　我想吃炒面，你呢？

韩雨真　我想吃炒饭，不想❷吃炒面。

王平　　好。服务员，点菜！

　　　　……

王平　　味道怎么样❸？

韩雨真　很不错❹。

본문 ② 간추려 말하기

본문의 대화를 평서문으로 옮긴 것입니다. 뜻을 생각하며 읽어 보세요.

MP3 04-03

我吃炒饭，小王吃炒面。炒饭和⑤炒面的味道都很不错。

문법 Tip!

❶ 想은 조동사로 가능, 바람, 의지, 요구 등의 의미를 나타내며 항상 동사 앞에 위치한다.

❷ 想의 부정 형식은 想 앞에 不를 더하여 不想으로 표현한다.

❸ 怎么样은 의문사로, '어떻다', '어떠하다'라는 의미이다.

❹ 不错는 '괜찮다', '좋다'라는 뜻으로 긍정적인 대답을 할 때 자주 사용한다.

❺ 접속사 和는 주로 명사와 명사를 연결하는 데 사용되며, 한국어의 '~와/~과'에 해당한다.

읽어 봐요!

본문에 나온 새 단어입니다. 글자, 한어병음, 뜻을 모두 익히세요.

☐ **想** xiǎng 조동 ~을 바라다, ~을 하고 싶다
  동 생각하다, 그리워하다

☐ **吃** chī 동 먹다

☐ **炒面** chǎomiàn 명 볶음면

☐ **炒饭** chǎofàn 명 볶음밥

☐ **服务员** fúwùyuán 명 종업원, 점원

☐ **点** diǎn 동 (음식을) 시키다, 주문하다

☐ **菜** cài 명 요리

☐ **味道** wèidao 명 맛

☐ **怎么样** zěnmeyàng 대 어떻다,
  어떠하다

☐ **不错** búcuò 형 괜찮다

☐ **小** xiǎo 접두 [이름 앞에 놓여 호칭어로 쓰임, 주로 나이 어린 사람에게 씀]

☐ **和** hé 접 ~와, ~과

배워 봐요!

学一学!

초급 단계에서 꼭 필요한 주요 문법입니다. 반복하여 학습하세요.

01 你想吃什么?

- 나는 볶음면을 먹고 싶어.
- 엄마는 재스민차를 마시고 싶어하셔.
- 그 사람은 중국에 가고 싶어해.
- 내일 너 오고 싶어?

我想吃炒面。
妈妈想喝茉莉花茶。
他想去中国。
明天你想来吗?

想은 조동사로 '~을 하고 싶다', '~을 바라다'의 가능, 바람, 의지, 요구 등의 의미를 나타내며 항상 동사 앞에 위치한다.

02 我不想吃炒面

- 나는 차를 마시고 싶지 않아.
- 나는 볶음면을 먹고 싶지 않아.
- 그 사람은 휴대전화를 보고 싶어하지 않아.
- 나는 중국에 가고 싶지 않아.

我不想喝茶。
我不想吃炒面。
他不想看手机。
我不想去中国。

부정의 표현은 想 앞에 부정부사 不를 넣어 不想의 형태로 나타낸다.

03 味道怎么样?

🎧 MP3 04-07

· 중국차는 어때?	中国茶怎么样?
· 사과의 맛은 어때?	苹果的味道怎么样?
· 볶음면의 맛은 어때?	炒面的味道怎么样?
· 너희 선생님은 어때?	你们的老师怎么样?

怎么样은 의문대명사로, '어떻다', '어떠하다'라는 의미이다.

04 很不错

🎧 MP3 04-08

· Ⓐ 너희 학교 어때?	你们学校怎么样?
Ⓑ 우리 학교 좋아.	我们学校很不错。
· Ⓐ 중국 볶음면 어때?	中国的炒面怎么样?
Ⓑ 맛있어(괜찮아).	很不错。

不错는 '괜찮다', '좋다'라는 표현으로 상대방의 질문에 긍정적인 대답을 할 때 자주 사용하는 표현이다.

단어 学校 xuéxiào 명 학교

05 炒饭和炒面的味道都很不错 🎧 MP3 04-09

- 나와 너 모두 책을 봐.
- 한국어와 중국어 모두 듣기 좋아.
- 선생님과 학생들 모두 차 마시는 것을 좋아한다.
- 엄마와 아빠는 볶음밥을 드시고, 언니(누나)와 나는 볶음면을 먹는다.

我和你都看书。

韩语和汉语都很好听。

老师和学生们都喜欢喝茶。

妈妈和爸爸吃炒饭，姐姐和我吃炒面。

접속사 和는 주로 명사와 명사를 연결하는 데 사용되며, 한국어의 '〜와/〜과'에 해당한다. 세 개 이상의 단어를 연결할 때는 마지막 단어 앞에 쓰고, 그 앞의 단어들 사이에는 문장부호 '、(顿号 dùnhào)'를 쓴다. 문장과 문장을 연결할 때는 和를 사용하지 않는다.

단어 韩语 Hànyǔ 몡 한국어 | 姐姐 jiějie 몡 누나, 언니

연습해 봐요!

단어를 교체하며 문형을 익히는 연습입니다. 반복하여 읽어 보세요.

1

1 2 3 4 5 🎧 MP3 04-10

吃什么?

你吃什么?

你想吃什么?

你吃什么面?

你想吃什么面?

喝什么?

你喝什么?

你想喝什么?

你喝什么茶?

你想喝什么茶?

2

1 2 3 4 5 🎧 MP3 04-11

怎么样?

味道怎么样?

炒饭的味道怎么样?

炒面的味道怎么样?

炒饭和炒面的味道怎么样?

天气怎么样?

明天的天气怎么样?

你们的学校怎么样?

身体怎么样?

你妈妈的身体怎么样?

3

🎤 ① ② ③ ④ ⑤　🎧 MP3 **04-12**

무엇을 보니?

너 무엇을 보니?

너 무엇을 보고 싶니?

너 무슨 책을 보니?

너 무슨 책을 보고 싶니?

뭐 주문해?

너 뭐 주문해?

너 뭐 주문하고 싶어?

너 무슨 요리 주문해?

너 무슨 요리 주문하고 싶어?

4

🎤 ① ② ③ ④ ⑤　🎧 MP3 **04-13**

나와 그 사람

나와 그 사람 모두 중국에 가.

너와 그 사람 모두 중국 가니?

나와 그 사람 모두 중국에 가지 않아.

나와 그 사람 모두 중국에 가고 싶어해.

볶음밥과 볶음면

볶음밥과 볶음면의 맛

볶음밥과 볶음면 모두 맛있어.

볶음밥과 볶음면의 맛이 어때?

볶음밥과 볶음면 모두 맛이 없어.

단어 面 miàn 圆 면, 국수 | 天气 tiānqì 圆 날씨 | 身体 shēntǐ 圆 신체, 몸, 건강

본문을 응용한 회화 연습입니다. 뜻을 생각하며 읽어 보세요.　MP3 04-14

1

A 你想吃什么?
Nǐ xiǎng chī shénme?

B 我想吃炒饭。
Wǒ xiǎng chī chǎofàn.

2

A 你想喝什么?
Nǐ xiǎng hē shénme?

B 我想喝茶。
Wǒ xiǎng hē chá.

3

A 炒饭的味道怎么样?
Chǎofàn de wèidao zěnmeyàng?

B 味道很不错。
Wèidao hěn búcuò.

4

A 你们都想去中国吗?
Nǐmen dōu xiǎng qù Zhōngguó ma?

B 我们都想去。
Wǒmen dōu xiǎng qù.

5

A 你也喜欢吃韩国菜吗?
Nǐ yě xǐhuan chī Hánguó cài ma?

B 我也喜欢吃。
Wǒ yě xǐhuan chī.

실생활에서 바로 사용할 수 있는 좋은 표현입니다. 잘 활용해 보세요.

买单!
Mǎidān!
계산해 주세요!

请打包。
Qǐng dǎbāo.
포장해 주세요.

结帐!
Jiézhàng!
계산해 주세요!

民以食为天。
Mín yǐ shí wéi tiān.
먹는 게 제일 중요하다.

您有忌口吗?
Nín yǒu jìkǒu ma?
가리는 음식 있어요?

有餐巾纸吗?
Yǒu cānjīnzhǐ ma?
냅킨 있나요?

别放香菜!
Bié fàng xiāngcài!
고수는 넣지 마세요!

有什么特色菜?
Yǒu shénme tèsè cài?
특별 요리 있나요?

자주 활용할 수 있는 문장입니다. 100문장 암기를 목표로 외워 보세요.

MP3 04-16

31
你吃什么?

32
你想吃什么?

33
我吃炒饭，你呢?

34
我吃炒面。

35
我和他都想吃炒饭。

36
味道怎么样?

37
味道很不错。

38
点菜。

39
我喜欢吃炒面。

40
炒饭和炒面，我都很喜欢。

벌써 40문장이 술술!

31	32	33	34	35	36	37	38	39	40
✔									

즐겨 봐요!

开心一下!

我扶起 내가 일으키다
Wǒ fúqǐ

MP3 04-17

小明走路不注意， 샤오밍이 길을 가다 잘못해서
Xiǎomíng zǒu lù bú zhùyì,

摔倒在地我扶起。 땅에 넘어져 내가 일으켜 줬다.
shuāidǎo zài dì wǒ fúqǐ.

替他拍拍身上土， 그를 대신해 몸의 흙을 털어 주고
Tì tā pāipai shēn shàng tǔ,

帮他洗洗腿上泥。 그를 도와 다리의 흙을 씻어 주었다.
bāng tā xǐxi tuǐ shàng ní.

朋友之间要友爱， 친구 사이는 친하게 지내야 하고
Péngyou zhījiān yào yǒu'ài,

互相帮助须牢记。 서로 도울 것을 명심해야 한다.
hùxiāng bāngzhù xū láojì.

05

你是哪国人？

- 학습 목표 　자신을 소개할 수 있다.
- 학습 내용 　**1.** 이름 소개　　**2.** 의문대명사 哪

你是哪国人？

我是韩国人。

林芳

韩雨真

생각해 봐요!

다음 상황을 중국어로 생각해 보세요.

린팡

안녕하세요! 이름이 어떻게 되세요?

한우진

저는 한씨이고, 우진이라고 합니다.

린팡

어느 나라 사람이에요?

한우진

저는 한국인입니다. 당신은 중국인이지요?

린팡

네, 저는 린팡이라고 합니다. 만나서 반갑습니다.

한우진

저도 만나서 반갑습니다.

처음 만나서 이름과 국적을 물어보는 상황입니다. 간단한 자기 소개 표현을 익혀 봅시다.

본문 ① 대화하기

자기 소개를 주제로 한 대화입니다. 뜻을 생각하며 읽어 보세요.

MP3 05-02

林芳   你好！你叫什么名字❶？

韩雨真   我姓❶韩，叫雨真。

林芳   你是哪❷国人？

韩雨真   我是韩国人。你是中国人吧❸？

林芳   是的❹，我叫林芳。认识你很高兴！

韩雨真   认识你我也很高兴！

说一说!

본문 ② 간추려 말하기

본문의 대화를 평서문으로 옮긴 것입니다. 뜻을 생각하며 읽어 보세요.

MP3 05-03

我姓韩，叫雨真，我是韩国人。我有❺一个❻中国朋友，她叫林芳。

🔑 문법 Tip!

❶ 叫什么名字는 이름을 물을 때 사용하고, 姓은 '성씨가 ～이다'라는 의미의 동사이다.
❷ 哪는 '어느', '어떤'을 나타내는 의문사이다.
❸ 吧는 추측의 의미를 나타내는 조사이다.
❹ 是的는 '그래'의 의미로 상대방의 질문이나 견해를 완곡하게 인정하는 표현이다.
❺ 有는 '～을 가지고 있다'라는 소유 의미의 동사이다.
❻ 个는 사람이나 사물의 양을 나타낼 때 사용하는 양사로 전용양사가 없는 명사에서 주로 사용한다.

👄 발음 Tip!

一의 성조 변화
一는 원래 1성인데 단독으로 읽을 때, 서수로 읽을 때, 끝 음절에 위치할 때를 제외하고는 모두 성조가 변화한다.
一의 뒤에 4성이나 4성이 변한 경성이 오면 2성으로, 一의 뒤에 1성, 2성, 3성이 오면 4성으로 바뀐다.

• 一个人　yī ge rén　○ yí ge rén	• 一杯茶　yī bēi chá　○ yì bēi chá
• 一条裤子　yī tiáo kùzi　○ yì tiáo kùzi	• 一本书　yī běn shū　○ yì běn shū

본문에 나온 새 단어입니다. 글자, 한어병음, 뜻을 모두 익히세요. 🎧 MP3 **05-04**

□ **叫** jiào 통 ~이라고 부르다

□ **名字** míngzi 명 이름, 성명

□ **姓** xìng 명 성, 성씨 통 성이 ~이다

□ **哪** nǎ / něi 때 어느, 어떤

□ **国** guó 명 나라, 국가

□ **韩国人** Hánguó rén 한국 사람

□ **吧** ba 조 ~이지?[문장 끝에 쓰여 추측의 의미를 나타냄]

□ **是的** shì de 그렇다[동의, 긍정을 나타냄]

□ **认识** rènshi 통 알다

□ **高兴** gāoxìng 형 기쁘다

□ **有** yǒu 통 ~을 가지고 있다, 있다

□ **一** yī 수 일, 하나

□ **个** ge 양 개, 명[사물이나 사람의 수를 셀 때 쓰는 단위]

□ **朋友** péngyou 명 친구

배워 봐요!

초급 단계에서 꼭 필요한 주요 문법입니다. 반복하여 학습하세요.

01 你叫什么名字？ — 我姓韩，叫雨真 🎧 MP3 05-05

- Ⓐ 이름이 뭐예요?　　　　　　　　　　你叫什么名字？
  Ⓑ 저는 한우진이라고 합니다.　　　　　我叫韩雨真。
- Ⓐ 그녀의 이름이 뭐니?　　　　　　　她叫什么？
  Ⓑ 그녀는 린팡이야.　　　　　　　　她叫林芳。

叫什么名字는 이름을 물어볼 때 사용하는 표현이다.

- Ⓐ 당신은 성이 어떻게 되세요?　　　　你姓什么？
  Ⓑ 저는 린씨이고, 린팡이라고 합니다.　我姓林，叫林芳。
- Ⓐ 그 사람 성이 한씨야?　　　　　　他姓韩吗？
  Ⓑ 그 사람 임씨야, 한씨 아니야.　　　他姓林，不姓韩。

姓은 '성씨', '성함'의 의미로 '성이 ~이다'라는 동사로도 쓰인다. 성씨를 묻는 말이지만 성과 이름 모두 말할 수 있다.

- Ⓐ 성씨가 어떻게 되세요?　　　　　　您贵姓？
  Ⓑ 왕씨입니다. / 한씨이고, 우진이라고 합니다.　我姓王。/ 我姓韩，叫雨真。

您贵姓? 은 '성'이나 '성함'을 묻는 일반적인 표현이고 성이나 이름을 모두 대답할 수 있다.

단어　贵姓 guìxìng 뗑 성씨[성씨를 묻는 경어]

02 你是哪国人？ 🎧 MP3 05-06

- Ⓐ 어느 나라 분이세요?　　　　　　　您是哪国人？
  Ⓑ 저는 한국 사람이에요.　　　　　　我是韩国人。
- Ⓐ 어느 휴대전화가 네 것이야?　　　　哪个手机是你的？
- Ⓐ 너 어느 요리 먹고 싶어?　　　　　你想吃哪个菜？

哪는 '어느', '어떤'이라는 의미이다. '어느 나라 사람'은 哪国人으로, 한국어와 동일한 구조이다.

03 你是中国人吧?

- 그 사람은 미국인이지?
- 이것은 중국차지?
- 이 휴대전화는 예쁘지?
- 너도 그 사람 믿지?

他是美国人吧?

这是中国茶吧?

这个手机好看吧?

你也相信他吧?

吧는 '~이지?'라는 의미를 가지고 있는 조사로 문장 끝에 쓰여 추측의 의미를 나타낸다.

단어 美国 Měiguó 고유 미국 | 美国人 Měiguó rén 고유 미국 사람

04 是的 🎧 MP3 05-08

- Ⓐ 그 사람은 당신 학생이에요?

  Ⓑ 네, 그 사람은 제 학생이에요.

他是你的学生吗?

是的，他是我的学生。

- Ⓐ 너는 중국에 가고 싶니?

  Ⓑ 응, 나는 중국에 가고 싶어.

你想去中国吗?

是的，我想去中国。

- Ⓐ 네 엄마는 선생님이시니?

  Ⓑ 응, 우리 엄마는 선생님이야.

你妈妈是老师吗?

是的，我妈妈是老师。

- Ⓐ 너 한국 음식 먹는 것 좋아하니?

  Ⓑ 응, 나는 한국 음식 먹는 것을 좋아해.

你喜欢吃韩国菜吗?

是的，我喜欢吃韩国菜。

是는 상대방의 질문이나 견해에 대해 인정하고 긍정하는 대답으로 '맞아', '그래', '네'라는 의미를 나타낸다. 是的는 같은 의미이지만 是보다 좀 더 완곡하고 부드러운 표현이다.

05 我有一个中国朋友

MP3 05-09

- Ⓐ 너 형(오빠) 있니?

  Ⓑ 나는 형(오빠)이 없어.

  你有哥哥吗?

  我没有哥哥。

- Ⓐ 너 휴대전화 있어?

  Ⓑ 나 휴대전화 없어.

  你有手机吗?

  我没有手机。

'~을 가지고 있다'는 의미의 소유를 나타낼 때는 동사 有를 사용해서 표현할 수 있다. 예문과 같이 대상이 사물일 경우뿐만 아니라 사람일 때도 有를 쓸 수 있다. 부정형은 没有(méiyǒu, 없다)로 나타내며 没有에서 有는 종종 생략되어 没만을 사용하기도 한다.

단어 哥哥 gēge 명 형, 오빠 | 没有 méiyǒu 통 없다, 가지고 있지 않다

06 我有一个中国朋友

MP3 05-10

- 나는 한국 휴대전화 하나를 가지고 있다.

  我有一个韩国手机。

- 나는 중국요리 하나를 주문하고 싶다.

  我想点一个中国菜。

- 이 요리는 맛있다.

  这个菜很好吃。

- 그 사람은 내가 안다.

  那个人我认识。

중국어의 양사는 사람이나 사물의 양을 나타낼 때 사용하는 어휘로 수사와 명사의 사이에 둔다.
个는 일반적으로 전용양사가 없는 명사에 주로 사용한다.

단어를 교체하며 문형을 익히는 연습입니다. 반복하여 읽어 보세요.

1 ① ② ③ ④ ⑤ 🎧 MP3 05-11

你叫什么?

我叫韩雨真。

她叫什么名字?

她姓韩，叫雨真。

她叫雨真吗?

她姓什么?

您贵姓?

她姓韩吗?

她也姓韩。

她不姓林，她姓韩。

2 ① ② ③ ④ ⑤ 🎧 MP3 05-12

你是哪国人?

我是美国人。

他也是美国人吗?

他不是美国人。

你的学生是韩国人吗?

我的学生都是韩国人。

他们都是中国人吧?

是的，他们都是中国人。

你的老师是哪国人?

我的老师是中国人。

3 1 2 3 4 5 🎧 MP3 **05-13**

너는 학생이지?

네 엄마는 선생님이지?

그 사람은 너의 학생이지?

이것은 너의 휴대전화지?

그것은 그 사람의 책이지?

너는 중국에 안 가지?

너 볶음밥 안 먹고 싶지?

너 한국인 아니지?

너 그 사람 모르지?

너 차 마시는 것 좋아하지 않지?

4 1 2 3 4 5 🎧 MP3 **05-14**

나는 그 사람을 안다.

나는 그 사람을 모른다.

나도 그 사람을 안다.

너 그 사람 아니?

나는 그 사람을 무척 알고 싶어.

나도 그 사람을 무척 알고 싶어.

너는 우리의 선생님을 아니?

너도 우리의 선생님을 알지?

너희들 모두 그 사람 아니?

우리 모두 그 사람을 알지 못해.

본문을 응용한 회화 연습입니다. 뜻을 생각하며 읽어 보세요.

MP3 05-15

1

A 你叫什么名字?
Nǐ jiào shénme míngzi?

B 我姓韩，叫雨真。
Wǒ xìng Hán, jiào Yǔzhēn.

2

A 她叫什么?
Tā jiào shénme?

B 她叫林芳。
Tā jiào Lín Fāng.

3

A 你是老师吧?
Nǐ shì lǎoshī ba?

B 我不是老师，是学生。
Wǒ bú shì lǎoshī, shì xuésheng.

4

A 你们都是韩国人吗?
Nǐmen dōu shì Hánguó rén ma?

B 不是，我是韩国人，他是中国人。
Bú shì, wǒ shì Hánguó rén, tā shì Zhōngguó rén.

5

A 你认识他吗?
Nǐ rènshi tā ma?

B 我不认识他。
Wǒ bú rènshi tā.

실생활에서 바로 사용할 수 있는 좋은 표현입니다. 잘 활용해 보세요.

MP3 05-16

早上好！
Zǎoshang hǎo!
좋은 아침!

好久不见，十分想念！
Hǎojiǔ bújiàn, shífēn xiǎngniàn!
오랜만이야. 엄청 보고 싶었어!

晚安！
Wǎn'ān!
잘 자!

多多指教！
Duōduō zhǐjiào!
잘 부탁드립니다!

请问，怎么称呼您?
Qǐngwèn, zěnme chēnghu nín?
실례지만, 어떻게 불러야 합니까?

请多关照！
Qǐng duō guānzhào!
잘 부탁드립니다!

幸会幸会！
Xìnghuì xìnghuì!
만나 뵙게 되어서 영광입니다!

久仰久仰！
Jiǔyǎng jiǔyǎng!
말씀 많이 들었습니다!

외워 봐요!

背一背!

자주 활용할 수 있는 문장입니다. 100문장 암기를 목표로 외워 보세요.

MP3 05-17

41
你是哪国人?

42
你叫什么名字?

43
你是中国人吗?

44
我们都是韩国人。

45
我是学生。

46
我不是老师。

47
认识你很高兴。

48
认识你我也很高兴。

49
我姓韩，叫雨真。

50
我有一个中国朋友。

벌써 50문장이 술술!

| 41 | 42 | 43 | 44 | 45 | 46 | 47 | 48 | 49 | 50 |
| ✔ | | | | | | | | | |

즐겨 보아요!

鸡蛋里找骨头
Jīdàn lǐ zhǎo gǔtou

달걀 속에서 뼈를 찾는다

달걀 안에는 원래 뼈가 없는데 누군가 억지로 달걀 속에서 뼈를 찾으려고 한다는 것은 무슨 뜻일까? 이것은 고의로 다른 사람의 단점이나 잘못을 트집 잡는 것을 비유하는 말이다. 즉, 억지로 문제점을 찾아내려고 할 때 쓰는 표현이다.

01~05

复习1

○ 핵심 문형　○ 说一说　○ 听一听
○ 读一读　○ 写一写

01
1 我爱你。
2 他爱我。
3 妈妈爱你。
4 爸爸、妈妈都爱我。

02
A：明天你来吗？
B：来。
A：那明天见。
B：好。再见！

03
A：这是什么茶？
B：这是茉莉花茶。
A：好喝吗？
B：很不错。

04
A：你想吃什么？
B：我想吃炒面，你呢？
A：我想吃炒饭。
B：好。服务员，点菜！

05
A：你叫什么名字？
B：我姓韩，叫雨真。认识你很高兴！
A：认识你我也很高兴！你是哪国人？
B：我是韩国人。

说一说

다음 그림을 보고 상황에 어울리게 대화를 만들어 보세요.

1.

A : _____

B : _____

2.

A : _____

B : _____

3.

A : _____

B : _____

4.

A : _____

B : _____

5.

A : _____

B : _____

녹음을 듣고 (1)의 빈칸에 알맞은 중국어를 써 넣고, (2)의 빈칸에 알맞은 답을 보기에서 고르세요.

1. (1) A: _____ , 我 _____ 你。

    B: 我 _____ 爱你。

  (2) 他们都 _____ 我。

    보기 ▶   ① 去   ② 相信   ③ 来   ④ 爱

2. (1) A: _____ 你来吗?

    B: 我来，你 _____ ?

    A: 我 _____ 来。

    B: _____ 明天见!

  (2) 明天他去 _____ 。

    보기 ▶   ① 银行   ② 商店   ③ 学校   ④ 图书馆

    단어 银行 yínháng 몡 은행 | 商店 shāngdiàn 몡 상점 | 图书馆 túshūguǎn 몡 도서관

3. (1) A: 你喜欢 _____ 吗?

    B: 很喜欢。这 _____ 什么茶?

    A: 这是 _____ 茉莉花茶。

    B: 中国的茉莉花茶很 _____ 。

(2) 这是妈妈的 _____ 。

보기 ▶ ① 手机 ② 书 ③ 书包 ④ 汉语书

단어 书包 shūbāo 몡 책가방

4. (1) A : 雨真，我 _____ 吃炒饭。

B : 炒饭的 _____ 怎么样？

A : 很 _____ 。

B : 那我们 _____ 炒饭吧。

(2) 我们 _____ ，怎么样？

보기 ▶ ① 听中国歌 ② 看汉语书 ③ 喝中国茶 ④ 吃中国菜

단어 歌 gē 몡 노래

5. (1) A : 你 _____ 什么名字？

B : 我 _____ 林，我叫林芳。

A : 你是 _____ 吗？

B : 不是，我是 _____ 。

(2) 这是我的 _____ 朋友，她很漂亮。

보기 ▶ ① 中国 ② 日本 ③ 韩国 ④ 美国

단어 漂亮 piàoliang 혱 예쁘다, 아름답다 | 日本 Rìběn 고유 일본

读一读

다음 글을 읽고 해석해 보세요.

韩雨真有一个中国朋友，他的名字叫王平。这个周末，王平请韩雨真吃中国菜。王平点了一个炒面，韩雨真点了一个炒饭。吃饭以后，他们还喝了茉莉花茶。韩雨真第一次在中国吃炒饭，喝茉莉花茶，她觉得味道都很不错。

단어 周末 zhōumò 몡 주말 | 请 qǐng 동 초대하다, 한턱내다 | 了 le 조 동사 뒤에 쓰여 동작의 완료를 나타냄 | 吃饭 chī fàn 동 밥을 먹다 | 以后 yǐhòu 몡 이후 | 还 hái 뷔 또, 더 | 第一 dìyī 수 첫 번째, 맨 처음 | 次 cì 양 번, 횟수[동작을 세는 단위] | 在 zài 젠 ~에서 | 觉得 juéde 동 ~이라고 여기다

다음 문장을 중국어와 한어병음으로 쓰세요.

1. 아빠, 엄마 모두 나를 사랑한다.

   C _____   **P** _____

2. 나도 그녀를 좋아한다.

   C _____   **P** _____

3. 우리 모두 그 사람을 믿는다.

   C _____   **P** _____

4. 우리도 너희들을 사랑한다.

   C _____   **P** _____

5. 내일 당신들도 안 오나요?

   C _____   **P** _____

6. 당신 오늘 학교에 가나요?

   C _____   **P** _____

7. 아빠는 안 드신대요. 엄마는요?

   C _____   **P** _____

8. 오늘 안 가고 내일 간다.

   C _____   **P** _____

9. 이것은 무슨 책이에요?

   C _____   **P** _____

10. 중국 사람은 차 마시는 것을 좋아한다.

   C _____   **P** _____

11. 이것은 당신 것이에요?

   C _____   P _____

12. 이 휴대전화는 내 것이 아니라 친구 것이에요.

   C _____   P _____

13. 당신 무슨 차 마시고 싶어요?

   C _____   P _____

14. 저는 볶음밥 먹고 싶어요. 당신은요?

   C _____   P _____

15. 우리 학교 가는 것 어때요?

   C _____   P _____

16. 주문할게요!

   C _____   P _____

17. 성함이 어떻게 되세요?

   C _____   P _____

18. 어느 나라 사람이에요?

   C _____   P _____

19. 우리 모두 한국 사람이에요.

   C _____   P _____

20. 만나서 반갑습니다.

   C _____   P _____

06

她多大了?

- 학습 목표 나이를 묻고 답할 수 있다.
- 학습 내용 **1.** 나이 표현 **2.** 숫자 표현

생각해 봐요!

想一想!

다음 상황을 중국어로 생각해 보세요.

린팡

이것은 우리 집 가족사진이야.

이세명

너희 집 다섯 식구구나! 이 사람은 누구야?

린팡

이 사람은 우리 오빠야.

이세명

네 오빠 대학생이지?

린팡

오빠는 대학생이 아니야. 이미 직장에 다녀.

이세명

이 사람은 네 여동생이지? 몇 살이야?

린팡

올해 열두 살 됐어.

이세명

네 여동생 정말 귀엽다.

> 린팡이 이세명에게 자신의 가족사진을 보여주면서 가족을 소개하고 있습니다. 가족을 소개하는 표현을 공부해 봅시다.

본문 ① 대화하기

가족 소개를 주제로 한 대화입니다. 뜻을 생각하며 읽어 보세요.

MP3 06-02

| 林芳 | 这是我家的全家福。 |

| 李世明 | 你家有五❶口❷人啊！这是谁？ |

| 林芳 | 这是我哥哥。 |

| 李世明 | 你哥哥是不是❸大学生？ |

| 林芳 | 他不是大学生，已经工作了❹。 |

| 李世明 | 这是你妹妹吧？她多大❺了？ |

| 林芳 | 今年十二岁了。 |

| 李世明 | 你妹妹真❻可爱。 |

본문 ② 간추려 말하기

본문의 대화를 평서문으로 옮긴 것입니다. 뜻을 생각하며 읽어 보세요.

MP3 06-03

　　这是林芳家的全家福。她家有五口人，爸爸、妈妈、哥哥、妹妹和她。她哥哥已经工作了。她妹妹今年十二岁，很可爱。

🔑 문법 Tip!

❶ 단순한 숫자의 표현은 한국어와 거의 차이가 없다.

❷ 口는 식구, 가족 등을 셀 때 사용하는 양사이다.

❸ 서술어의 긍정형과 부정형을 연이어 사용하여 의문문을 만들 수 있다.

❹ 已经……了는 '이미 ~이다'라는 의미로 쓰인다.

❺ 나이를 물을 때는 多大로 표현한다.

❻ 真은 '참으로', '정말로'라는 의미로 주로 형용사를 수식한다.

본문에 나온 새 단어입니다. 글자, 한어병음, 뜻을 모두 익히세요.

MP3 06-04

□ 家 jiā 명 집

□ 全家福 quánjiāfú 명 가족사진

□ 五 wǔ 수 다섯, 오

□ 口 kǒu 양 식구[가족 수를 세는 단위]

□ 啊 a 조 [문장 끝에 쓰여 감탄을 나타냄]

□ 谁 shéi 대 누구

□ 哥哥 gēge 명 형, 오빠

□ 大学生 dàxuéshēng 명 대학생

□ 已经 yǐjīng 부 이미, 벌써

□ 工作 gōngzuò 동 일하다 명 일

□ 了 le 조 [문장 끝에 쓰여 어떤 상황이 변했거나, 곧 변화할 것임을 나타냄]

□ 妹妹 mèimei 명 여동생

□ 多 duō 부 얼마나 형 많다

□ 大 dà 형 (나이가) 많다, (크기가) 크다

□ 今年 jīnnián 명 올해

□ 十 shí 수 열, 십

□ 二 èr 수 둘, 이

□ 岁 suì 양 세, 살[나이를 세는 단위]

□ 真 zhēn 부 정말로, 참으로

□ 可爱 kě'ài 형 귀엽다

배워 보요!

초급 단계에서 꼭 필요한 주요 문법입니다. 반복하여 학습하세요.

01 你家有五口人啊!

일	이	삼	사	오	육	칠	팔	구	십
一 yī	二 èr	三 sān	四 sì	五 wǔ	六 liù	七 qī	八 bā	九 jiǔ	十 shí
십일	십이	십삼	십사	십오	십육	십칠	십팔	십구	이십
十一 shíyī	十二 shí'èr	十三 shísān	十四 shísì	十五 shíwǔ	十六 shíliù	十七 shíqī	十八 shíbā	十九 shíjiǔ	二十 èrshí
삼십	사십	……	구십	백/일백	천/일천	만/일만	억/일억	조/일조	영, 공
三十 sānshí	四十 sìshí		九十 jiǔshí	一百 yìbǎi	一千 yìqiān	一万 yíwàn	一亿 yíyì	一兆 yízhào	零 líng

단순한 숫자의 표현은 한국어와 거의 차이가 없다. 한국어 숫자 표현과의 차이점 및 一의 성조 변화에 유의해야 한다.

- 118(백십팔)　一百一十八　▶　단위 앞의 숫자가 1일 경우 반드시 표현해야 한다.
- 108(백팔)　一百零八　▶　단위 사이에 0이 있을 경우 반드시 표현해야 한다.
- 1008(천팔)　一千零八　▶　0이 두 번 있을 경우 한 번만 표현한다.

02 你家有五口人啊!

- Ⓐ 너희 집 식구 몇 명이야?　　　　你家有几口人?
  Ⓑ 우리 집은 네 식구야.　　　　　我家有四口人。
- Ⓐ 그 사람 집 식구는 몇 명이야?　他家有几口人?
  Ⓑ 그 사람 집은 세 식구야.　　　他家有三口人。

중국어에서 명사의 수를 나타낼 때는 양사를 사용하는데 口는 식구, 가족 등을 셀 때 사용하는 양사이다. 일반적인 사람의 수를 셀 때는 个(ge)나 位(wèi) 등을 사용하지만 가족을 말할 때는 반드시 口를 사용한다.

단어　几 jǐ 대 몇

03 你哥哥是不是大学生?

- Ⓐ 그 사람 아버지는 선생님이야?　　　　他爸爸是不是老师?
  Ⓑ 그 사람 아버지는 선생님이야.　　　　他爸爸是老师。
- Ⓐ 너는 중국 가?　　　　　　　　　　　你去不去中国?
  Ⓑ 나는 중국 안 가.　　　　　　　　　　我不去中国。

중국어에서는 서술어(동사/형용사)의 긍정형과 부정형을 연이어 사용하여 의문문을 만들 수 있다.
2음절 단어의 경우 긍정형의 두 번째 음절은 생략 가능하고, '조동사＋동사' 구조의 경우, 조동사의
긍정형과 부정형을 연이어 사용한다. 이러한 형식의 의문문에서는 의문조사 吗를 사용할 수 없다.

04 已经工作了

- 그 사람은 이미 떠났다.　　　　　　　　他已经走了。
- 나는 이미 휴대전화를 샀다.　　　　　　我已经买手机了。
- 그 사람은 이미 한국에 왔다.　　　　　　他已经来韩国了。
- 엄마는 이미 중국에 가셨다.　　　　　　妈妈已经去中国了。

'이미 ~하다(이다)'를 나타낼 때 已经을 사용하는데 已经은 일반적으로 회화에서 '已经……了'의
구조로 자주 사용된다.

단어 走 zǒu 통 걷다, 가다, 떠나다 | 买 mǎi 통 사다

05 她多大了?

🎧 MP3 06-09

중국에서 나이를 묻는 방법은 상대방의 연령대에 따라 달라진다. 이에 대해 답하는 방법은 한국어와 마찬가지로 모두 '숫자+岁(~살입니다)'이다. 또한 띠나 출생연도 등으로 나이를 완곡하게 물어볼 수도 있다.

(1) 상대가 10살 이하의 어린아이일 때
- Ⓐ 꼬마야, 몇 살이니?　　　　小朋友，几岁了?
- Ⓑ 다섯 살이에요.　　　　　　五岁了。

(2) 상대가 젊은 사람이나 동년배일 때
- Ⓐ 나이가 어떻게 되세요?　　你多大了?
- Ⓑ 열아홉 살이에요.　　　　　十九岁了。

(3) 상대가 중년 이상일 때
- Ⓐ 연세가 어떻게 되세요?　　您今年多大年纪了?
- Ⓑ 쉰입니다.　　　　　　　　五十岁了。

単어 小朋友 xiǎopéngyou 몡 꼬마, 어린아이 | 年纪 niánjì 몡 나이, 연세

06 你妹妹真可爱

🎧 MP3 06-10

- 네 형 정말 크다.　　　　　　你哥哥真高。
- 재스민차 정말 맛있어.　　　　茉莉花茶真好喝。
- 오늘의 날씨가 정말 좋아.　　今天的天气真好。
- 너희 학교의 학생이 정말 많아.　你们学校的学生真多。

真은 '참으로', '정말로'라는 의미로 주로 형용사를 수식한다.

単어 高 gāo 혱 (키가) 크다, 높다

연습해 봐요!

단어를 교체하며 문형을 익히는 연습입니다. 반복하여 읽어 보세요.

1 1 2 3 4 5 🎧 MP3 06-11

他是不是学生?

这是不是中国茶?

你去不去中国?

你有没有汉语书?

你喝不喝茶?

你吃不吃炒饭?

你认识不认识他?

你想不想去韩国?

你看不看书?

你喜不喜欢吃炒面?

2 1 2 3 4 5 🎧 MP3 06-12

真好。

今天的天气真好。

真好看。

你的手机真好看。

真可爱。

你妹妹真可爱。

真好吃。

中国的炒饭真好吃。

真大。

你们学校真大。

3 ① ② ③ ④ ⑤ 🎧 MP3 06-13

그 사람은 이미 떠났어.

엄마는 이미 오셨어.

그 사람은 이미 학교에 갔어.

나는 이미 휴대전화를 샀어.

그 사람은 이미 대학생이 되었어.

그 사람은 이미 볶음밥을 주문했어.

아빠는 이미 커피를 드셨어.

형(오빠)은 이미 중국으로 갔어.

내 친구는 이미 한국에 왔어.

여동생은 이미 도서관에 갔어.

4 ① ② ③ ④ ⑤ 🎧 MP3 06-14

네 여동생은 몇 살이야?

열두 살이야.

당신은 연세가 어떻게 되세요?

저는 올해 쉰입니다.

너희 아빠는 올해 연세가 어떻게 되셔?

우리 아빠는 올해 52살이야.

꼬마야 몇 살이니?

여덟 살이에요.

나이가 어떻게 되세요?

스물세 살입니다.

단어 ｜ 咖啡 kāfēi 명 커피

본문을 응용한 회화 연습입니다. 뜻을 생각하며 읽어 보세요.

MP3 06-15

1

A 你家有几口人?
Nǐ jiā yǒu jǐ kǒu rén?

B 我家有四口人，爸爸、妈妈、哥哥和我。
Wǒ jiā yǒu sì kǒu rén, bàba, māma, gēge hé wǒ.

2

A 你想不想吃炒饭?
Nǐ xiǎng bu xiǎng chī chǎofàn?

B 我不想吃炒饭，想吃炒面。
Wǒ bù xiǎng chī chǎofàn, xiǎng chī chǎomiàn.

3

A 你买不买手机?
Nǐ mǎi bu mǎi shǒujī?

B 我已经买了。
Wǒ yǐjīng mǎi le.

4

A 你多大了?
Nǐ duō dà le?

B 二十一岁了。
Èrshíyī suì le.

5

A 你爸爸今年多大年纪了?
Nǐ bàba jīnnián duō dà niánjì le?

B 今年五十三岁了。
Jīnnián wǔshísān suì le.

실생활에서 바로 사용할 수 있는 좋은 표현입니다. 잘 활용해 보세요.

 MP3 06-16

他们俩长得很像。
Tāmen liǎ zhǎng de hěn xiàng.
그 두 사람은 정말 닮았어.

你们俩真有夫妻相！
Nǐmen liǎ zhēn yǒu fūqīxiàng!
너희 두 사람은 부부간에 정말 많이 닮았어!

我们是一家人。
Wǒmen shì yìjiārén.
우리는 한 가족이야.

他比我大一轮。
Tā bǐ wǒ dà yì lún.
그 사람은 나보다 12살 많아(띠동갑이야).

我们俩同岁。
Wǒmen liǎ tóngsuì.
우리 두 사람은 동갑이야.

他们是两口子。
Tāmen shì liǎngkǒuzi.
그들은 부부야.

他是老大。
Tā shì lǎodà.
그 사람은 맏이야.

我是老幺。
Wǒ shì lǎoyāo.
나는 막내야.

背一背!

자주 활용할 수 있는 문장입니다. 100문장 암기를 목표로 외워 보세요.

MP3 06-17

51
这是我家的全家福。

52
我妹妹是学生。

53
我已经是大学生了。

54
你多大了?

55
今年二十一岁了。

56
你家有几口人?

57
我家有四口人。

58
你妹妹真可爱。

59
你有没有哥哥?

60
妈妈已经去中国了。

벌써 60문장이 술술!

| 51 | 52 | 53 | 54 | 55 | 56 | 57 | 58 | 59 | 60 |
| ✔ | | | | | | | | | |

找朋友 친구를 찾다
Zhǎo péngyou

MP3 06-18

一二三四五六七，
Yī èr sān sì wǔ liù qī,

七六五四三二一。
qī liù wǔ sì sān èr yī.

我的朋友在哪里？
Wǒ de péngyou zài nǎli?

在天涯？ 在海角？
Zài tiānyá?　　Zài hǎijiǎo?

我的朋友在这里。
Wǒ de péngyou zài zhèli.

하나 둘 셋 넷 다섯 여섯 일곱,

일곱 여섯 다섯 넷 셋 둘 하나.

내 친구는 어디에 있나?

하늘 끝에 있나? 바다 끝에 있나?

내 친구는 여기에 있네.

Tip

손가락으로 숫자 표현하기

중국인들이 손가락으로 숫자를 표현하는 모습을 자주 볼 수 있다. 이것은 고대에서부터 내려오는 방식으로, 방언 간의 오류를 피하는 데 유용하게 사용되었다.

一　二　三　四　五

六　七　八　九　十

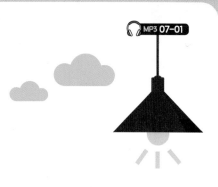
07

你的生日是几月几号?

○ 학습 목표　날짜, 요일, 시간을 말할 수 있다.

○ 학습 내용　**1.** 날짜, 요일, 시간 표현　　**2.** 연동문

생각해 봐요!

想一想!

다음 상황을 중국어로 생각해 보세요.

이세명

네 생일은 몇 월 며칠이야?

린팡

5월 26일이야.

이세명

이번 주 일요일이니?

린팡

맞아. 너 우리 집에 저녁 먹으러 와.

이세명

좋아, 문제없어. 몇 시에?

린팡

다섯 시 반 어때?

이세명

괜찮아.

린팡

그럼 일요일에 보자.

> 중국어로 날짜나 시간을 표현하는 방법은 한국어와 매우 유사하므로 쉽게 익힐 수 있습니다. 가족의 생일을 중국어로 말해 보세요.

본문 ① 대화하기

날짜와 시간에 중점을 둔 대화입니다. 뜻을 생각하며 읽어 보세요.

MP3 07-02

李世明　你的生日是几月几号❶？

林芳　五月二十六号。

李世明　是这个星期天❷吗？

林芳　对啊，你来我家吃晚饭❸吧。

李世明　好，没问题。几点❹？

林芳　五点半怎么样？

李世明　可以。

林芳　那星期天见。

본문 ② **간추려 말하기**

본문의 대화를 평서문으로 옮긴 것입니다. 뜻을 생각하며 읽어 보세요.

🎧 MP3 **07-03**

　　五月二十六号是林芳的生日，那天正好是星期天，她请我去她家吃晚饭，我答应了。

🔑 **문법 Tip!**

❶ 날짜는 'O월 O일'로 표현하고, 월은 月, 일은 日 또는 号라고 한다.

❷ 요일은 星期로 나타내는데 일요일은 星期天 혹은 星期日로 말하고 나머지 요일은 一에서 六까지의 순서로 나타낸다.

❸ 연동문은 '주어＋동사1＋(목적어1)＋동사2＋(목적어2)'처럼 동사가 연이어서 출현하는 문장을 말한다.

❹ 시간을 표현하는 방식은 시는 点, 분은 分으로 한국어와 중국어가 비슷하다.

본문에 나온 새 단어입니다. 글자, 한어병음, 뜻을 모두 익히세요.

🎧 MP3 07-04

□ **生日** shēngrì 몡 생일

□ **几** jǐ 떼 몇[대개 10 이하의 수를 물을 때 쓰임]

□ **月** yuè 몡 월, 달

□ **号** hào 몡 일, 번호

□ **星期** xīngqī 몡 요일, 주

□ **星期天** xīngqītiān 몡 일요일

□ **对** duì 혱 맞다, 정확하다

□ **晚饭** wǎnfàn 몡 저녁 식사

□ **吧** ba 조 ~하자[건의나 제안의 뜻을 나타냄]

□ **没(有)** méi(yǒu) 통 없다, 가지고 있지 않다

□ **问题** wèntí 몡 문제

□ **点** diǎn 양 시[시간의 단위]

□ **半** bàn 수 반, 30분

□ **可以** kěyǐ 조통 ~해도 된다[허가를 나타냄], ~할 수 있다[능력, 가능을 나타냄]

□ **那天** nàtiān 그날

□ **正好** zhènghǎo 부 마침, 공교롭게도

□ **请** qǐng 통 청하다[상대방에게 어떤일을 부탁할때 쓰는 경어]

□ **去** qù 통 가다

□ **答应** dāying 통 대답하다, 승낙하다

초급 단계에서 꼭 필요한 주요 문법입니다. 반복하여 학습하세요.

01 你的生日是几月几号? 🎧 MP3 07-05

- Ⓐ 오늘 5월 25일이지?

  Ⓑ 5월 25일이 아니라, 5월 26일이야.

今天五月二十五号吧?

今天不是五月二十五号，是五月二十六号。

- 내 생일은 7월 12일이다.

我的生日是七月十二号。

- 아빠의 생신은 3월 7일이다.

爸爸的生日是三月七号。

중국어의 날짜는 '○월 ○일'로 표현하고, 월은 月(yuè), 일은 日(rì) 또는 号(hào)라고 한다. 숫자 표현이 서술어가 되면 보통 是를 생략하므로 '今天○月○号。'와 같이 말할 수 있다. 부정문에서는 서술어를 부정해야 하므로 是를 생략할 수 없으며, 특정한 날을 말할 때는 是를 생략하지 않는다.

- Ⓐ 오늘 몇 월 며칠이지?

  Ⓑ 오늘은 5월 26일이야.

今天几月几号?

今天五月二十六号。

- Ⓐ 오늘이 18일이야?

  Ⓑ 오늘은 18일이 아니라, 17일이야.

今天十八号吗?

今天不是十八号，是十七号。

'몇 월 며칠'을 물을 때는 의문사 几를 사용한다. 几는 비교적 작은 수를 물을 때 사용되는데, 월은 12개월, 일은 최대 31일로 한정되어 있기 때문에 几를 사용한다. 대답은 几 부분만 해당 날짜로 바꿔서 말하면 된다.

02 是这个星期天吗? 🎧 MP3 07-06

일	월	화	수	목	금	토
星期天 / 星期日 xīngqītiān / xīngqīrì	星期一 xīngqīyī	星期二 xīngqī'èr	星期三 xīngqīsān	星期四 xīngqīsì	星期五 xīngqīwǔ	星期六 xīngqīliù
周日 zhōurì	周一 zhōuyī	周二 zhōu'èr	周三 zhōusān	周四 zhōusì	周五 zhōuwǔ	周六 zhōuliù

요일은 星期로 나타낸다. 일요일을 星期天 혹은 星期日로 말하고 나머지 요일은 一에서 六까지의 순서로 나타낸다.

- Ⓐ 오늘은 무슨 요일이야?　　　　　　　　**今天星期几?**
- Ⓑ 오늘은 수요일이야.　　　　　　　　　**今天星期三。**

- Ⓐ 오늘은 금요일이니?　　　　　　　　　**今天星期五吗?**
- Ⓑ 아니, 오늘은 토요일이야.　　　　　　　**不是，今天是星期六。**

요일을 나타내는 숫자는 1에서 6까지의 비교적 작은 숫자이므로 요일을 물을 때에는 几를 사용한다. 한국어로는 '무슨 요일입니까?'라고 묻지만 중국어는 숫자를 사용해서 요일을 나타내므로 '星期几?'라고 표현한다. 날짜와 마찬가지로 일반 서술문에서는 보통 是를 생략하지만, 특정한 날을 요일로 설명할 때는 是를 생략하지 않는다. 부정을 할 경우에는 不가 아니라 不是로 표현해야 한다.

03　你来我家吃晚饭吧　🎧 MP3 07-07

- 나는 밥 먹으러 그 사람 집에 간다.　　　　**我去他家吃饭。**
- 그 사람은 밥 먹으러 우리 집에 온다.　　　**他来我家吃饭。**
- 나는 영화 보러 영화관에 간다.　　　　　　**我去电影院看电影。**
- 너 책 보러 학교 와.　　　　　　　　　　　**你来学校看书吧。**

중국어는 기본적으로 '주어＋동사＋목적어' 구문으로 이루어지는데, 때로는 '주어＋동사1＋목적어1＋동사2＋목적어2'의 구조로 확장되기도 한다. 이것은 동사가 연이어서 출현한다고 하여 '연동문'이라 하고, 동사(구)는 시간의 순서에 따라 나열한다.

단어　电影院 diànyǐngyuàn 명 영화관, 극장

04 几点?

🎧 MP3 07-08

시	분	정각	15분	반 / 30분	~전 / 모자라다
点	分	整	刻	半	差
diǎn	fēn	zhěng	kè	bàn	chà

1:00	一点 / 一点整	2:00	两点 / 两点整
1:05	一点零五分	2:02	两点零二分
1:12	一点十二分	2:10	两点十分
1:15	一点十五分 / 一点一刻	2:15	两点十五分 / 两点一刻
1:30	一点三十分 / 一点半	2:30	两点三十分 / 两点半
1:45	一点四十五分 / 差十五分两点 / 差一刻两点	2:45	两点四十五分 / 差十五分三点 / 差一刻三点
1:50	一点五十分 / 差十分两点	2:52	两点五十二分 / 差八分三点

시간을 표현하는 방식은 한국어와 중국어가 비슷하다. 한국어와 다른 표현으로 刻가 있는데 이 것은 한 시간의 1/4, 즉, 15분을 말한다. 따라서 45분은 三刻가 될 수 있는데 실제로는 잘 사용하지 않는다. 또 '두 시 사십오 분'일 경우, 한국어로는 '세 시 십오 분 전'이라고도 말할 수 있는데 중국어는 이와 반대의 순으로 '전, 십오 분, 세 시'인 '差十五分三点'이라고 말한다. '2시'의 경우, 二点이 아니라 两点으로 표현한다는 것에 주의해야 한다.

- Ⓐ 지금 몇 시지?

  Ⓑ 지금 열 시 오 분이야.

  现在几点?

  现在十点零五分。

- Ⓐ 지금 다섯 시니?

  Ⓑ 아니야. 다섯 시 십오 분 전이야.

  现在五点吗?

  不是，差一刻五点。

시간을 묻는 방법은 '지금 몇 시니?'라고 하는 한국어와 마찬가지로 중국어에서도 '现在几点?' 이라고 묻는다. 서술어가 숫자이므로 평서문에서는 是를 생략하고, 부정할 경우에는 不是로 표현한다.

🔖단어 现在 xiànzài 몡 지금

연습해 봐요!

단어를 교체하며 문형을 익히는 연습입니다. 반복하여 읽어 보세요.

1 1 2 3 4 5 MP3 **07-09**

昨天几月几号?

今天几月几号?

明天几月几号?

昨天十二月十四号。

我们几月几号见面?

你几月几号去中国?

他们几月几号来韩国?

我们几月几号放假?

我们几月几号开学?

爸爸的生日是几月几号?

2 1 2 3 4 5 MP3 **07-10**

昨天星期几?

今天星期几?

明天星期几?

前天星期一。

昨天星期二。

今天星期三。

七月六号是星期几?

四月十四号是星期几?

七月六号是星期四。

四月十四号是星期五。

3 1 2 3 4 5 🎧 MP3 07-11

너는 몇 시에 밥 먹어?

그 사람은 몇 시에 일어나?

그 사람은 몇 시에 자?

아빠는 몇 시에 집으로 돌아오셔?

너는 몇 시에 학교 가?

나는 6시에 밥 먹어.

그 사람은 7시에 일어나.

그 사람은 12시에 자.

아빠는 5시에 집으로 돌아오셔.

나는 1시 15분에 학교 가.

4 1 2 3 4 5 🎧 MP3 07-12

나는 친구 만나러 학교 가.

나는 놀러 친구 집에 가.

나는 영화 보러 영화관에 가.

나 책 보러 학교 가.

그녀는 중국어 배우러 중국 가.

그녀는 영어 배우러 미국 가.

그녀는 한국어 배우러 한국 와.

너 우리 집에 밥 먹으러 와.

너 중국어 배우러 중국 와.

우리 내일 학교 가서 공부하자.

단어 见面 jiànmiàn 동 만나다 | 放假 fàngjià 명 방학 동 방학하다 | 开学 kāixué 명 개학 동 개학하다 | 起床 qǐchuáng 동 일어나다, 기상하다 | 睡觉 shuìjiào 동 잠자다 | 回家 huí jiā 집으로 돌아가다 | 玩儿 wánr 동 놀다 | 学 xué 동 배우다 | 英语 Yīngyǔ 명 영어

본문을 응용한 회화 연습입니다. 뜻을 생각하며 읽어 보세요.

MP3 07-13

1

A 今天几月几号?
Jīntiān jǐ yuè jǐ hào?

B 五月三号。
Wǔ yuè sān hào.

2

A 妈妈的生日是星期几?
Māma de shēngrì shì xīngqī jǐ?

B 星期二。
Xīngqī'èr.

3

A 今天星期四吗?
Jīntiān xīngqīsì ma?

B 不是星期四，是星期五。
Bú shì xīngqīsì,　　shì xīngqīwǔ.

4

A 现在几点?
Xiànzài jǐ diǎn?

B 两点零五分。
Liǎng diǎn líng wǔ fēn.

5

A 你明天几点来?
Nǐ míngtiān jǐ diǎn lái?

B 上午九点来。
Shàngwǔ jiǔ diǎn lái.

단어　上午 shàngwǔ 몡 오전

실생활에서 바로 사용할 수 있는 좋은 표현입니다. 잘 활용해 보세요.

 MP3 07-14

祝你生日快乐！
Zhù nǐ shēngrì kuàilè!
생일 축하합니다!

一起唱生日快乐歌吧！
Yìqǐ chàng shēngrì kuàilè gē ba!
다 같이 생일 축하 노래 부르자!

送她一束花吧。
Sòng tā yí shù huā ba.
그녀에게 꽃 한 다발 선물하자.

妈妈给我煮了长寿面。
Māma gěi wǒ zhǔle chángshòumiàn.
엄마가 생일 국수를 끓여 주셨어.

吹蜡烛！
Chuī làzhú!
촛불 불어!

开个生日派对吧！
Kāi ge shēngrì pàiduì ba!
생일 파티 하자!

你许个愿吧！
Nǐ xǔ ge yuàn ba!
소원 빌어!

我来切生日蛋糕。
Wǒ lái qiē shēngrì dàngāo.
내가 케이크 자를게.

자주 활용할 수 있는 문장입니다. 100문장 암기를 목표로 외워 보세요.

MP3 **07-15**

61
今天几月几号?

62
今天星期几?

63
现在几点?

64
两点零五分。

65
你几点睡觉?

66
我六点起床。

67
这个星期天我们去他家吃晚饭。

68
你来我家玩儿吧。

69
我去学校看书。

70
妈妈的生日是五月六号。

벌써 70문장이 술술!

| 61 | 62 | 63 | 64 | 65 | 66 | 67 | 68 | 69 | 70 |
| ✓ | | | | | | | | | |

亡羊补牢
Wángyáng-bǔláo

양을 잃고 나서야 우리를 고치다

옛날에 양을 아주 많이 키우는 사람이 있었다. 한번은 양 우리에 구멍이 났는데도 그것에 미처 신경을 쓰지 못했다. 며칠이 지난 후, 그는 양이 여러 마리 보이지 않는다는 것을 발견하였고 그제야 후회를 하였다. 그 후에 한 이웃이 "양은 잃어버렸지만 지금이라도 양 우리를 고칠 수 있으니까 늦은 것은 아니다."라고 그에게 말했다. '亡羊补牢'는 손해를 보고 그것을 구제할 방법이 있으면 더 큰 손실을 피할 수 있다는 것을 비유하는 성어이다. 한국의 '소 잃고 외양간 고치다'와 표현은 비슷하지만 의미는 다르다.

08

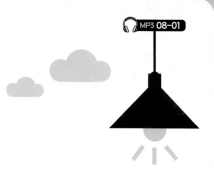

国家图书馆
在哪儿？

- 학습 목표   어떤 장소에 가는 방법을 말할 수 있다.
- 학습 내용   **1.** 의문대명사 哪儿   **2.** 교통수단

다음 상황을 중국어로 생각해 보세요.

왕핑

세명, 오늘 시간 있어?

이세명

있어. 무슨 일 있어?

왕핑

우리 함께 국립도서관 가는 거 어때?

이세명

좋아. 국립도서관은 어디에 있어?

왕핑

웨이공춘 부근에 있어.

이세명

어떻게 가?

왕핑

지하철 4호선 타고 가.

이세명

그래? 그럼 지금 바로 출발하자.

> 교통수단을 이용해서 이동하는 것을 공부합니다.
> 다양한 교통수단을 이용하여 어디로 가는지를 중국어로 표현해 보세요.

🗣 **본문 ① 대화하기**

길 찾기를 주제로 한 대화입니다. 뜻을 생각하며 읽어 보세요.　🎧 MP3 08-02

王平　　世明，你今天有时间吗？

李世明　有啊，有什么事儿?

王平　　我们一起去国家图书馆，好不好？

李世明　好啊，国家图书馆在❶哪儿❷?

王平　　在魏公村附近。

李世明　怎么❸去？

王平　　坐❹地铁四号线去。

李世明　是吗？那现在就❺出发吧。

본문 ② 간추려 말하기

본문의 대화를 평서문으로 옮긴 것입니다. 뜻을 생각하며 읽어 보세요.

🎧 MP3 08-03

今天李世明和王平一起去了国家图书馆。国家图书馆在魏公村附近，坐地铁四号线，在国家图书馆站下车就行❻。

🔑 문법 Tip!

❶ 在는 동사로 쓰여 '~에 있다'라는 존재의 의미를 나타내며 주로 '在＋장소'로 쓴다.
❷ 哪儿은 한국어의 '어디'에 해당하는 말로 장소를 물을 때 사용한다.
❸ 怎么는 방식을 묻는 의문사이다.
❹ 교통수단의 방법을 물을 때는 '怎么去？' 또는 '坐什么去？'라고 표현한다.
❺ 就는 '곧', '바로'를 의미하는 말로, 매우 자주 사용된다.
❻ '……就行'은 '~하면 돼'라고 하는 관용적인 표현이다.

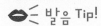 발음 Tip!

'명사＋儿'의 발음

事儿은 shì와 er이 합쳐지면서 shìr로 표기하고, shèr로 발음한다.

본문에 나온 새 단어입니다. 글자, 한어병음, 뜻을 모두 익히세요.

MP3 08-04

□ **今天** jīntiān 명 오늘

□ **时间** shíjiān 명 시간

□ **事儿** shìr 명 일

□ **一起** yìqǐ 부 같이, 함께

□ **国家图书馆** Guójiā Túshūguǎn
　　　　　고유 국립도서관

□ **在** zài 동 ~에 있다 전 ~에(서)

□ **哪儿** nǎr 대 어디, 어느 곳

□ **魏公村** Wèigōngcūn
　　　　　고유 웨이공춘[지명]

□ **附近** fùjìn 명 부근, 근처

□ **怎么** zěnme 대 어떻게, 어째서

□ **坐** zuò 동 (교통수단을) 타다

□ **地铁** dìtiě 명 지하철

□ **线** xiàn 명 교통 노선

□ **现在** xiànzài 명 지금

□ **就** jiù 부 바로, 즉시, 곧

□ **出发** chūfā 동 출발하다, 떠나다

□ **了** le 조 [동사 뒤에 쓰여 동작의 발생이나
완성을 나타냄]

□ **站** zhàn 명 정거장, 정류장

□ **下** xià 동 (교통수단에서) 내리다

□ **车** chē 명 차

□ **行** xíng 형 좋다, 괜찮다

초급 단계에서 꼭 필요한 주요 문법입니다. 반복하여 학습하세요.

01 国家图书馆在哪儿? 🎧 MP3 08-05

- Ⓐ 너 집에 있니?
  Ⓑ 집에 있지 않고 학교에 있어.

  你在家吗?
  不在家,在学校。

- Ⓐ 그럼 누가 집에 있니?
  Ⓑ 엄마가 집에 계실걸.

  那谁在家?
  妈妈在家吧。

在는 동사로 쓰여 '~에 있다'라는 존재의 의미를 나타내며 주로 '在+장소'의 형식으로 쓴다. 한국어에서는 소유 및 존재에 모두 '~이 있다'라고 표현하지만, 중국어에서는 존재로서 '~에 있다'를 나타낼 때는 在, 소유로서 '있다'를 나타낼 때는 有를 쓴다는 점에 주의해야 한다.

- 나는 여자 친구 집에서 밥을 먹는다.
- 엄마는 은행에서 일하신다.

  我在女朋友家吃饭。
  妈妈在银行工作。

在는 전치사로 쓰여 '~에/~에서'를 뜻한다. 주로 '在+장소+동작'의 형식으로 쓰고 '(장소)에서 (동작)을 하다'라는 의미를 나타낸다.

단어 女朋友 nǚ péngyou 명 여자 친구

02 国家图书馆在哪儿? 🎧 MP3 08-06

- Ⓐ 실례합니다. 은행이 어디에 있죠?
  Ⓑ 바로 저기예요.

  请问,银行在哪儿?
  就在那儿。

哪儿은 한국어의 '어디'에 해당하는 말로 장소를 물을 때 사용한다.

- Ⓐ 내 중국어 책 어디에 있어?
  Ⓑ 네 중국어 책 나한테 있어.

  我的汉语书在哪儿?
  你的汉语书在我这儿。

- Ⓐ 내 가방 어디에 있어?
  Ⓑ 엄마한테 있어.

  我的包在哪儿?
  在妈妈那儿。

哪儿 의문문의 대답으로 장소가 올 수 있다. 이때 사람을 가리키는 명사나 인칭대명사 뒤에 这儿이나 那儿을 붙여서 장소로 만들 수 있다.

단어 请问 qǐngwèn 말씀 좀 여쭙겠습니다 | 那儿 nàr 대 그곳, 저기 | 这儿 zhèr 대 이곳, 여기 | 包 bāo 명 가방

03 怎么去?

• 중국 볶음밥은 어떻게 만들어요?	中国的炒饭怎么做?
• 영화관은 어떻게 가나요?	去电影院怎么走?
• 너는 어떻게 학교에 가?	你怎么去学校?
• 그 사람은 어떻게 중국어 배워?	他怎么学汉语?

怎么는 방식을 묻는 의문사이다. 문장에서 부사어로 쓰이므로 동사 앞에 놓아야 한다.

[단어] 做 zuò [동] 하다, 만들다

04 坐地铁四号线去

• Ⓐ 어떻게 가세요? / 뭐 타고 가세요?	怎么去? / 坐什么去?
Ⓑ 비행기 타고 가.	坐飞机去。

교통수단의 방법을 물을 때는 '怎么去?' 또는 '坐什么去?'라고 표현한다. 중국어에서는 교통수단의 종류에 따라 활용하는 동사가 달라지므로 주의해야 한다.

┌─ Tip ─────────────────────────────

다양한 교통수단 표현

○ 비행기를 타고 가다　坐飞机去
　　　　　　　　　　公交车 / 地铁 / 火车
　坐는 교통수단과 함께 쓰여 '(~을) 타다'라는 뜻을 나타낸다.

○ 자전거를 타고 가다　骑自行车去
　기마자세로 타는 교통수단은 동사 骑와 함께 쓴다.

○ 운전을 해서 가다　开车去
　자가 운전은 开车라고 표현한다.

└───────────────────────────────────

[단어] 飞机 fēijī [명] 비행기 | 公交车 gōngjiāochē [명] 버스 | 火车 huǒchē [명] 기차 | 骑 qí [동] (교통수단을) 타다 | 自行车 zìxíngchē [명] 자전거 | 开车 kāichē [동] 운전하다

05 那现在就出发吧

MP3 08-09

- 지금 바로 시작할게.
- 지금 바로 갈게.
- 은행은 바로 저기에 있어요.
- 그분이 바로 저의 중국어 선생님이세요.

现在就开始。
现在就走。
银行就在那儿。
他就是我的汉语老师。

就는 '곧', '바로'를 의미하는 말로, 매우 자주 사용된다. 아주 짧은 시간 내에 동작이 이루어지는 것이나 사실이 바로 그러함을 나타내는 말이다. '现在就……'는 입말에서 '这就……'라는 말로도 자주 쓰인다.

단어 开始 kāishǐ 图 시작하다 图 시작

06 在国家图书馆站下车就行

MP3 08-10

- 비행기 타고 가면 돼.
- 세 사람이면 돼.
- 커피 한 잔이면 돼.
- 볶음면 하나면 돼.

坐飞机去就行。
有三个人就行。
一杯咖啡就行。
一个炒面就行。

'……就行'은 '~하면(이면) 돼'라고 하는 관용적인 표현이며 매우 자주 사용한다.

단어 杯 bēi 양 잔

단어를 교체하며 문형을 익히는 연습입니다. 반복하여 읽어 보세요.

1 ① ② ③ ④ ⑤ 🎧 MP3 08-11

你在哪儿?

你家在哪儿?

地铁站在哪儿?

我的书在哪儿?

你的书包在哪儿?

我在学校。

我家在地铁站附近。

地铁站在银行旁边儿。

你的书在我这儿。

我的书包在我妈妈那儿。

2 ① ② ③ ④ ⑤ 🎧 MP3 08-12

我们在哪儿见?

你在哪儿学习?

爸爸在哪儿吃饭?

姐姐在哪儿工作?

你们在哪儿下车?

我们在电影院见。

我在图书馆学习。

爸爸在学校吃饭。

姐姐在银行工作。

我们在国家图书馆站下车。

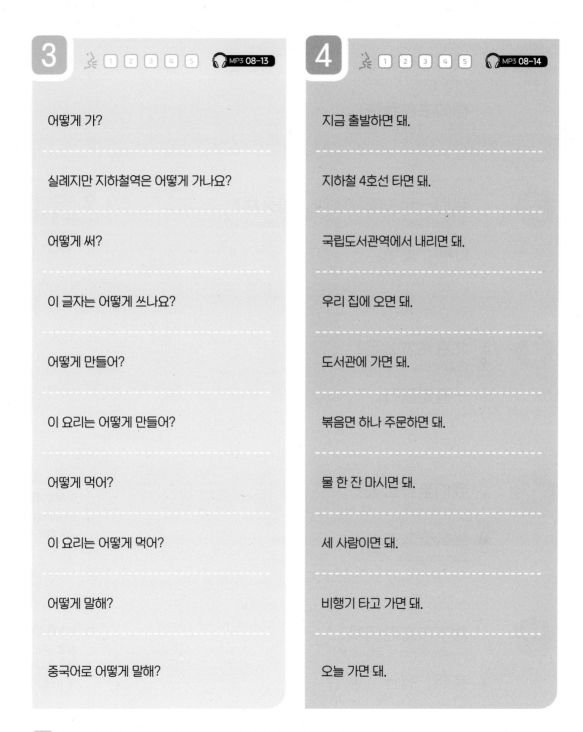

3 MP3 08-13

어떻게 가?

실례지만 지하철역은 어떻게 가나요?

어떻게 써?

이 글자는 어떻게 쓰나요?

어떻게 만들어?

이 요리는 어떻게 만들어?

어떻게 먹어?

이 요리는 어떻게 먹어?

어떻게 말해?

중국어로 어떻게 말해?

4 MP3 08-14

지금 출발하면 돼.

지하철 4호선 타면 돼.

국립도서관역에서 내리면 돼.

우리 집에 오면 돼.

도서관에 가면 돼.

볶음면 하나 주문하면 돼.

물 한 잔 마시면 돼.

세 사람이면 돼.

비행기 타고 가면 돼.

오늘 가면 돼.

단어 旁边ㄦ pángbiānr 명 옆 | 学习 xuéxí 통 공부하다 | 写 xiě 통 쓰다 | 字 zì 명 글자 | 说 shuō 통 말하다 | 用 yòng 전 ~으로(써) | 水 shuǐ 명 물

본문을 응용한 회화 연습입니다. 뜻을 생각하며 읽어 보세요.

MP3 08-15

1

A 我的书在哪儿?
Wǒ de shū zài nǎr?

B 你的书在我这儿。
Nǐ de shū zài wǒ zhèr.

2

A 我们一起去喝杯咖啡，怎么样?
Wǒmen yìqǐ qù hē bēi kāfēi, zěnmeyàng?

B 好啊，走吧。
Hǎo a, zǒu ba.

> 走吧는 '가자', '(이 장소를) 떠나자'의 의미입니다.

3

A 北京站怎么走?
Běijīngzhàn zěnme zǒu?

B 一直走就行。
Yìzhí zǒu jiù xíng.

4

A 我们坐什么去?
Wǒmen zuò shénme qù?

B 坐公交车去。
Zuò gōngjiāochē qù.

> 버스는 公交车라고도 하고 公共汽车 gōnggòng qìchē라고도 합니다.

5

A 你下午有时间吗?
Nǐ xiàwǔ yǒu shíjiān ma?

B 有啊，有什么事儿?
Yǒu a, yǒu shénme shìr?

> 你有时间吗? 는 你有空儿吗? Nǐ yǒu kòngr ma?와 유사한 표현입니다.

단어 北京 Běijīng 고유 베이징 | 一直 yìzhí 부 곧바로 | 下午 xiàwǔ 명 오후 | 空儿 kòngr 명 틈, 여유

실생활에서 바로 사용할 수 있는 좋은 표현입니다. 잘 활용해 보세요. MP3 08-16

打的去吧。
Dǎdī qù ba.
택시 타고 갑시다.

直走，别拐弯儿。
Zhí zǒu, bié guǎiwānr.
직진이에요. 모퉁이를 돌지 마세요.

在建国门站倒车。
Zài Jiànguóménzhàn dǎochē.
젠궈먼역에서 갈아타세요.

刷卡还是投币？
Shuākǎ háishi tóu bì?
카드로 하실래요, 동전으로 내실래요?

坐几路车去？
Zuò jǐ lù chē qù?
몇 번 버스 타고 갈까요?

到前边儿掉头。
Dào qiánbianr diàotóu.
앞에서 유턴해 주세요.

靠边儿停一下！
Kào biānr tíng yíxià!
옆에 세워 주세요!

这是末班车吗？
Zhè shì mòbānchē ma?
이게 막차예요?

자주 활용할 수 있는 문장입니다. 100문장 암기를 목표로 외워 보세요.

MP3 08-17

71
国家图书馆在哪儿?

72
你有时间吗?

73
你有什么事儿?

74
我们一起去图书馆，好不好?

75
今天我没有时间。

76
你怎么去学校?

77
爸爸坐地铁去图书馆。

78
你们在哪儿下车?

79
我们在北京站下车。

80
那现在就出发吧。

벌써 80문장이 술술!

| 71 | 72 | 73 | 74 | 75 | 76 | 77 | 78 | 79 | 80 |
| ✔ | | | | | | | | | |

开心一下!

즐거 봐요!

回乡偶书
Huí xiāng ǒu shū
고향에 돌아와서 쓴 글

MP3 08-18

贺知章(唐) 하지장

Hè Zhīzhāng (Táng)

少小离家老大回，
Shào xiǎo lí jiā lǎodà huí,

젊어서 집을 떠나 늙어서 돌아오니,

乡音无改鬓毛催。
xiāngyīn wú gǎi bìnmáo cuī.

사투리는 그대로인데 머리만 세었구나.

儿童相见不相识，
Értóng xiāngjiàn bù xiāngshí,

아이들이 나를 보고 알아보지 못해,

笑问客从何处来？
xiào wèn kè cóng héchù lái?

손님은 어디에서 왔느냐고
웃으면서 물어보네.

09

一共多少钱?

○ 학습 목표　위안화 금액을 말할 수 있다.

○ 학습 내용　**1.** 선택의문문　**2.** 금액 표현

생각해 봐요! 想一想!

다음 상황을 중국어로 생각해 보세요.

점원

어서 오세요! 무엇으로 하시겠어요?

이세명

아메리카노 두 잔, 초콜릿 케이크 한 조각이요.

점원

시럽 넣으세요?

이세명

두 잔 모두 안 넣어요.

점원

여기에서 드세요, 아니면 가지고 가세요?

이세명

여기에서 먹어요. 모두 얼마예요?

점원

68위안입니다.

이세명

100위안 드릴게요.

카페에서 주문하는 표현입니다. 자주 일어날 수 있는 상황이므로 잘 공부해 봅시다.

본문 ① 대화하기

음료 주문을 주제로 한 대화입니다. 뜻을 생각하며 읽어 보세요.

🎧 MP3 09-02

服务员　欢迎光临！您要❶什么？

李世明　两杯美式咖啡，一块巧克力蛋糕。

服务员　要加糖吗？

李世明　两杯都不要。

服务员　在这儿吃还是❷带走？

李世明　在这儿吃。一共多少钱❸？

服务员　六十八块❹。

李世明　给❺你一百块。

본문 ② 간추려 말하기

본문의 대화를 평서문으로 옮긴 것입니다. 뜻을 생각하며 읽어 보세요.

🎧 **MP3 09-03**

我和王平想喝咖啡，所以⑥我们去了一家咖啡厅。我们点了两杯美式咖啡和一块巧克力蛋糕，一共六十八块钱。

🔑 문법 Tip!

❶ 要는 '필요하다' 혹은 '원하다'라는 의미의 동사이다.

❷ 还是는 둘 중 하나를 선택하는 의문문에서 사용한다.

❸ '多少钱?'은 물건을 살 때 자주 쓰는 표현인 '얼마예요?'이다.

❹ 중국 화폐인 인민폐(人民币 rénmínbì)의 단위는 块(元), 毛(角), 分이다.

❺ 给는 '(~을) 주다'라는 의미의 동사이다.

❻ 所以는 '그래서', '그러므로'의 뜻으로, 인과관계를 나타내는 접속사이다.

본문에 나온 새 단어입니다. 글자, 한어병음, 뜻을 모두 익히세요.

MP3 09-04

□ **欢迎** huānyíng 통 환영하다, 즐겁게 맞이하다

□ **光临** guānglín 통 왕림하다

□ **要** yào 통 필요하다 조통 ~하려고 하다, ~해야 한다

□ **两** liǎng 수 둘, 두

□ **杯** bēi 양 잔, 컵[컵을 세는 단위]

□ **美式咖啡** měishì kāfēi 아메리카노

□ **咖啡** kāfēi 명 커피

□ **块** kuài 양 조각[작은 덩어리의 사물을 세는 단위], 위안[중국 화폐 元에 해당하는 단위]

□ **巧克力** qiǎokèlì 명 초콜릿

□ **蛋糕** dàngāo 명 케이크

□ **加** jiā 통 더하다, 합하다

□ **糖** táng 명 설탕, 시럽, 사탕

□ **这儿** zhèr 대 여기, 이곳

□ **还是** háishi 접 또는, 아니면

□ **带** dài 통 (몸에) 지니다, 휴대하다

□ **带走** dài zǒu 가지고 가다

□ **一共** yígòng 부 모두, 합계

□ **多少** duōshao 대 얼마, 몇

□ **钱** qián 명 돈

□ **给** gěi 통 주다

□ **百** bǎi 수 백, 100

□ **所以** suǒyǐ 접 그래서, 그런 까닭에

□ **家** jiā 양 곳, 집[가정, 가게, 기업 등을 세는 단위]

□ **咖啡厅** kāfēitīng 명 카페, 커피숍

학一学!

초급 단계에서 꼭 필요한 주요 문법입니다. 반복하여 학습하세요.

01 您要什么?

🎧 MP3 09-05

• 나는 이 책을 필요로 해.	我要这本书。
• 저는 커피 세 잔을 원해요.	我要三杯咖啡。
• 나는 이 책을 원하지 않아.	我不要这本书。
• 저는 차 말고 커피 할래요.	我不要茶，要咖啡。

要는 '필요하다' 혹은 '원하다'라는 의미의 동사이고, 부정은 不要로 표현한다.

• 그 사람은 중국에 가려고 한다.	他要去中国。
• 그 사람은 중국에 가고 싶어 하지 않는다.	他不想去中国。
• 엄마는 휴대전화를 사려고 한다.	妈妈要买手机。
• 엄마는 휴대전화를 사고 싶어 하지 않는다.	妈妈不想买手机。

要는 '~하려고 하다, ~를 필요로 하다'라는 의미의 조동사로도 쓰인다. 이때 부정은 不要가 아니고 상황에 따라 不要 혹은 不로 쓴다.

단어 本 běn 웹 권[책을 세는 단위]

02 在这儿吃还是带走?

🎧 MP3 09-06

• 너 차 마실래, 커피 마실래?	你要喝茶还是喝咖啡?
• 이것은 차야, 아니면 커피야?	这是茶还是咖啡?
• 중국에 가, 아니면 미국에 가?	去中国还是去美国?
• 엄마가 가셔, 아빠가 가셔?	妈妈去还是爸爸去?

둘 중 하나를 선택하는 의문문에는 还是를 사용한다. 'A还是B'는 'A니, 아니면 B니?', 'A 할래, 아니면 B 할래?'라는 의미이다. 만약 선택해야 하는 것이 명사라면 '是A还是B?'로 나타낼 수 있고 A 앞에 나오는 是는 생략할 수 있다.

03 一共多少钱?

 MP3 **09-07**

- 이거 얼마예요?
- 케이크는 얼마예요?

> 这个多少钱? / 这个怎么卖?
> 蛋糕多少钱(一块)? / 蛋糕怎么卖?

물건을 살 때 자주 쓰는 표현인 '얼마예요?'는 '多少钱?'이다. '어떻게 팔아요?'라는 의미인 '怎么卖?'라고 표현할 수도 있다.

- 너희 반에는 학생이 몇 명 있어?
- 어제 몇 사람 왔어?

> 你们班有多少个学生?
> 昨天来了多少个人?

多少는 10 이상의 비교적 큰 수량을 물을 때 사용하는 표현으로, 주로 '多少+양사+대상'의 형태로 쓴다. '多少钱?' 또한 '多少块钱?'에서 나온 것으로, 块가 생략된 형태이다.

單어 卖 mài 통 팔다 | 班 bān 명 반

04 六十八块

 MP3 **09-08**

중국 화폐인 위안화(人民币 rénmínbì)의 단위는 块(元), 毛(角), 分을 사용한다. 입말에서는 주로 块(kuài), 毛(máo), 分(fēn)을 쓰고 글말에서는 元(yuán), 角(jiǎo), 分(fēn)을 쓴다.

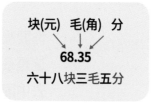

단위를 두 개 이상 사용했을 경우 마지막 단위는 생략할 수 있다.

8.70元 八块七 ◀ 毛가 생략됨   10.36元 十块三毛六 ◀ 分이 생략됨

중간 단위가 0일 경우 해당 단위는 생략하고 零을 넣는다.

9.07元 九块零七分

2가 단위 앞에 나올 때는 반드시 **两**으로 말한다.

2,20元　**两块两毛** ▶ 마지막 단위를 생략하면 **两块二**로 말한다.

단위가 하나만 나올 때는 끝에 钱을 붙여도 된다.

6,00元　**六块**(钱)　　　　0,60元　**六毛**(钱)　　　　0,06元　**六分**(钱)

05　给你一百块　　　🎧 MP3 09-09

· 너에게 줄게.	**给你。**
· 저에게 주세요.	**请你给我吧。**
· 나한테 네 휴대전화 줘 봐.	**你给我你的手机吧。**
· 엄마가 그 사람에게 책 한 권을 주었다.	**妈妈给了他一本书。**

给는 '(～을) 주다'라는 의미의 동사로 목적어를 하나만 가질 수도 있고, 두 개를 가질 수도 있다.

06　我想喝咖啡，所以去了咖啡厅　　🎧 MP3 09-10

· 모두 세 사람이라 커피 세 잔 주문했어.	**一共有三个人，所以要了三杯咖啡。**
	因为一共有三个人，所以要了三杯咖啡。
· 내가 바빠서 이번에는 그 사람이 가.	**我很忙，所以这次他去。**
	因为我很忙，这次他去。

所以는 '그래서', '그러므로'의 뜻으로, 인과관계를 나타내는 접속사이다. 주로 '因为……，所以……'의 구문으로 쓰고, 이때는 因为나 所以 둘 중 하나를 생략할 수도 있다.

=단어 因为 yīnwèi 접 ～때문에 | 忙 máng 형 바쁘다

단어를 교체하며 문형을 익히는 연습입니다. 반복하여 읽어 보세요.

1 ① ② ③ ④ ⑤ MP3 09-11

是这个还是那个?

喝咖啡还是喝茶?

坐地铁还是公交车?

买这件还是买那件?

吃这个还是吃那个?

她要买茶还是买咖啡?

去图书馆还是去学校?

他是韩国人还是中国人?

你要学汉语还是学韩语?

她喜欢看中国小说还是韩国小说?

2 ① ② ③ ④ ⑤ MP3 09-12

我要这个。

你要哪个?

我要这本书。

你要哪本书?

我要那个手机。

你要哪个手机?

她要一杯咖啡。

我要一个炒饭。

他要几杯咖啡?

她要几个炒饭?

3 1 2 3 4 5 🎧MP3 **09-13**

나는 영어를 배우려고 한다.

나는 볶음밥을 먹으려고 한다.

나는 친구 집에 가려고 한다.

그 사람은 중국 영화를 보려고 한다.

그 사람은 휴대전화 한 개를 사려고 한다.

나는 커피 한 잔을 마시려고 한다.

남동생은 공원에 놀려 가려고 한다.

그들은 중국어 배우러 중국에 가려고 한다.

엄마는 영화 보러 영화관에 가려고 한다.

우리는 지하철 타고 도서관에 가려고 한다.

4 1 2 3 4 5 🎧MP3 **09-14**

너에게 줄게.

나에게 줘 봐.

너에게 책 한 권을 줄게.

나에게 커피 한 잔을 줘.

내가 너에게 백 위안을 줄게.

나에게 책 한 권 줘, 괜찮아?

나에게 차 한 잔 줘, 괜찮아 안 괜찮아?

오빠(형)가 나에게 책가방 하나를 주고 싶어한다.

엄마는 그녀에게 백 위안을 주려고 한다.

나는 그 사람에게 생일 선물 하나를 주고 싶다.

단어 件 jiàn 양 건, 벌[사건, 옷 등을 셀 때 쓰는 단위] | 小说 xiǎoshuō 명 소설 | 弟弟 dìdi 명 남동생 | 公园 gōngyuán 명 공원 | 礼物 lǐwù 명 선물

你问我答!

본문을 응용한 회화 연습입니다. 뜻을 생각하며 읽어 보세요.

🎧 MP3 09-15

1

A 这个多少钱?
Zhège duōshao qián?

B 六块八。
Liù kuài bā.

2

A 这个贵吗?
Zhège guì ma?

B 不贵，很便宜。
Bú guì, hěn piányi.

3

A 他去图书馆了吗?
Tā qù túshūguǎn le ma?

B 没有。今天他有事，所以回家了。
Méiyǒu. Jīntiān tā yǒu shì, suǒyǐ huí jiā le.

4

A 我要两杯咖啡。
Wǒ yào liǎng bēi kāfēi.

B 给您，还要别的吗?
Gěi nín, hái yào biéde ma?

> 给您，还要别的吗?는 가게나 식당에서 자주 들을 수 있는 표현입니다.

5

A 你喜欢北京还是上海?
Nǐ xǐhuan Běijīng háishi Shànghǎi?

B 我喜欢上海。
Wǒ xǐhuan Shànghǎi.

단어 贵 guì 형 (값이) 비싸다 | 便宜 piányi 형 (값이) 싸다 | 上海 Shànghǎi 고유 상하이[지명]

실생활에서 바로 사용할 수 있는 좋은 표현입니다. 잘 활용해 보세요.

 MP3 09-16

我有积分卡。
Wǒ yǒu jīfēnkǎ.
저 적립카드 있어요.

给您找零。
Gěi nín zhǎo líng.
잔돈 거슬러 드릴게요.

你有会员卡吗?
Nǐ yǒu huìyuánkǎ ma?
회원카드 있어요?

有袋儿吗?
Yǒu dàir ma?
봉투 있나요?

要发票吗?
Yào fāpiào ma?
영수증 필요하신가요?

能上网吗?
Néng shàngwǎng ma?
인터넷 되나요?

可以续杯吗?
Kěyǐ xù bēi ma?
리필 되나요?

买一送一。
Mǎi yī sòng yī.
원 플러스 원입니다.

자주 활용할 수 있는 문장입니다. 100문장 암기를 목표로 외워 보세요.

🎧 MP3 09-17

81
我要一杯咖啡。

82
一共多少钱?

83
你要这个还是那个?

84
你想喝什么?

85
我给你两百块钱吧。

86
他给了我一本书。

87
我要买一个蛋糕。

88
两个都不要加糖。

89
我们点了两杯咖啡。

90
在这儿吃还是带走?

벌써 90문장이 술술!

| 81 | 82 | 83 | 84 | 85 | 86 | 87 | 88 | 89 | 90 |
| ✓ | | | | | | | | | |

즐겨 보아요!

小白兔乖乖
Xiǎo báitù guāiguāi

작고 하얀 토끼 말 잘 듣지요

MP3 09-18

小白兔乖乖，
Xiǎo báitù guāiguāi,

작고 하얀 토끼 말 잘 듣지요.

把门开开，
bǎ mén kāikāi,

문 좀 열어 주세요.

快点开开，
kuài diǎn kāikāi,

빨리 열어 주세요.

我要进来。
wǒ yào jìnlái.

제가 들어가려고 해요.

不开不开就不开，
Bù kāi bù kāi jiù bù kāi,

안 열어요, 안 열어요, 절대 안 열어요.

谁叫也不开。
shéi jiào yě bù kāi.

누가 불러도 열지 않아요.

10

今天天气真热啊!

○ 학습 목표   날씨와 기온을 말할 수 있다.
○ 학습 내용   **1.** 날씨 표현   **2.** 동사 중첩

생각해 봐요!

다음 상황을 중국어로 생각해 보세요.

왕핑

오늘 날씨 정말 덥네.

이세명

그러게 말이야. 오늘 몇 도야?

왕핑

일기예보에서 오늘 최고 기온이 38도래.

이세명

거리를 돌아다니면 너무 더우니까 우리 아무래도 영화 보러 가는 게 낫겠어.

왕핑

너 무슨 영화 보고 싶어?

이세명

요즘 무슨 재미있는 영화 있어?

왕핑

나도 잘 몰라. 휴대전화로 좀 찾아보자.

이세명

그래, 너 빨리 검색해 봐.

날씨를 표현하는 법에 대해 공부합니다.
날씨를 말할 때 주로 사용하는 단어와 문장을 생각해 봅시다.

본문 ① 대화하기

날씨를 주제로 한 대화입니다. 뜻을 생각하며 읽어 보세요.

MP3 10-02

王平　　今天天气真热❶啊!

李世明　是啊，今天多少度啊?

王平　　听天气预报说❷，今天最高气温三十八度。

李世明　逛街太热了❸，咱们还是❹去看电影吧。

王平　　你想看什么电影?

李世明　最近有什么好看的电影吗?

王平　　我也不太清楚，用手机查一查❺吧。

李世明　行，你快查吧。

본문 ② 간추려 말하기

본문의 대화를 평서문으로 옮긴 것입니다. 뜻을 생각하며 읽어 보세요.

MP3 10-03

今天天气很热，最高气温三十八度。我们觉得逛街太热了，所以打算去看电影。我们要用手机查一查最近有没有好看的电影。

문법 Tip!

❶ 날씨를 나타내는 형용사는 문장에서 서술어 역할을 하며, 주로 很, 真과 같은 부사의 수식을 받는다.

❷ 听……说는 '~가 말하는 것을 들으니'라는 의미이다.

❸ 太는 '매우(너무) ~하다'라는 뜻의 부사이다.

❹ 이 문장에서 还是는 '(아무래도) ~하는 것이 좋겠다'라는 의미의 부사이다.

❺ 동사는 중첩하여 쓸 수 있는데 이때는 비교적 완곡한 의미로 나타낸다.

본문에 나온 새 단어입니다. 글자, 한어병음, 뜻을 모두 익히세요.

🎧 MP3 10-04

□ **天气** tiānqì 몡 날씨

□ **看** kàn 됭 보다

□ **热** rè 혱 (날씨가) 덥다, 뜨겁다

□ **电影** diànyǐng 몡 영화

□ **度** dù 얭 도[온도의 단위]

□ **最近** zuìjìn 몡 최근, 요즈음

□ **听** tīng 됭 듣다

□ **清楚** qīngchu 됭 이해하다, 알다 혱 분명하다

□ **说** shuō 됭 말하다

□ **用** yòng 젼 ～으로 됭 사용하다, 쓰다

□ **天气预报** tiānqì yùbào 몡 일기예보

□ **手机** shǒujī 몡 휴대전화

□ **最** zuì 뷔 제일, 가장

□ **查** chá 됭 찾다, 검색하다

□ **高** gāo 혱 높다

□ **一** yī 쉬 [어떤 동작을 한 차례 하거나, 시험 삼아 해 보는 것을 나타냄]

□ **气温** qìwēn 몡 기온

□ **逛** guàng 됭 돌아다니다, 거닐다

□ **快** kuài 뷔 서둘러, 어서 혱 빠르다

□ **街** jiē 몡 길, 거리

□ **觉得** juéde 됭 ～이라고 여기다

□ **太** tài 뷔 매우

□ **打算** dǎsuàn 됭 ～하려고 하다, ～할 계획이다

□ **咱们** zánmen 떼 우리

□ **还是** háishi 뷔 ～하는 편이 더 좋다

초급 단계에서 꼭 필요한 주요 문법입니다. 반복하여 학습하세요.

01 今天天气真热啊

- 오늘은 너무 더우니까 집에서 공부하자.
- 일기예보에서 내일 정말 춥대.

今天太热了，在家学习吧。
听天气预报说，明天很冷。

봄	여름	가을	겨울
春天 chūntiān	**夏天** xiàtiān	**秋天** qiūtiān	**冬天** dōngtiān
따뜻하다	덥다	시원하다	춥다
暖和 nuǎnhuo	**热** rè	**凉快** liángkuai	**冷** lěng

날씨를 나타내는 형용사는 문장에서 서술어 역할을 하며, 주로 很, 真과 같은 부사의 수식을 받는다. 봄, 여름, 가을, 겨울을 뜻하는 중국어 단어는 한국에서 한자로 표현하는 춘하추동(春夏秋冬)에 天을 덧붙여 2음절로 만든 구조이다.

Tip

날씨 표현

○ 비가 오다 下雨 xiàyǔ ○ 눈이 오다 下雪 xiàxuě

02 听天气预报说，今天最高气温三十八度

- 일기예보를 들으니까, 내일 최고 기온이 39도래.

  听天气预报说，明天最高气温三十九度。

- 그 사람이 말하는 걸 들으니까, 이번 주 월요일은 시험이 없대.

  听他说，这个星期一没有考试。

- 듣자니, 그 사람 한국에 올 계획이 있대.

  听说他打算来韩国。

- 듣자니, 너 이번 주 월요일에 학교 안 간다고 하던데, 그래?

  听说你这个星期一不去学校，是吗?

听……说는 '～가 말하는 것을 들으니'라는 의미이고, 听说로 붙여 쓰면 '듣기로는, 듣자하니'의 의미가 된다. 두 표현 모두 자주 쓰인다.

단어 考试 kǎoshì 명 시험

03 逛街太热了，咱们还是去看电影吧 MP3 10-07

- 정말 예뻐요.

  太漂亮了。

- 정말 맛있어요.

  太好吃了。

- 너무 피곤해요.

  太累了。

- 너무 바빠요.

  太忙了。

太는 '매우(너무) ～하다'라는 뜻의 부사로, 주로 '太……了'의 형식으로 쓰이고, 문장 중간에 올 때는 '太……'로 쓰이기도 한다.

단어 漂亮 piàoliang 형 예쁘다 | 累 lèi 형 피곤하다 | 忙 máng 형 바쁘다

04 逛街太热了，咱们还是去看电影吧 🎧 MP3 10-08

- 날씨가 너무 추우니까 집에서 쉬는 게 좋겠다.
- 시간이 늦었으니, 집으로 돌아가는 게 좋겠다.
- 저건 너무 비싸니까 이걸 사는 게 좋아.
- 버스는 너무 느리니까 지하철을 타는 게 좋겠다.

天气太冷了，还是在家休息吧。
太晚了，还是回家吧。
那个太贵了，还是买这个吧。
坐公交车太慢了，还是坐地铁吧。

还是는 '아니면', '또는'의 의미로 선택의문문을 만들 때도 쓰지만, 이 문장처럼 '(아무래도) ~하는 것이 좋겠다'라는 의미의 부사로도 쓰인다. 주로 '还是＋권장하는 내용'의 형식으로 쓴다.

단어 休息 xiūxi 동 쉬다 | 晚 wǎn 형 늦다 | 慢 màn 형 (속도가) 느리다

05 用手机查一查吧 🎧 MP3 10-09

- 오늘 날씨 정말 좋아요. 우리 나가서 좀 걸어요.
- 이건 제가 쓴 책이에요. 당신이 좀 봐 주세요.
- 오늘 오후 산책하러 공원에 가는 거 어때요?
- 그 사람은 당신 친구예요? 소개 좀 해 주세요.

今天天气真好，我们出去走走。
这是我写的书，你看看。
今天下午去公园散散步，怎么样？
他是你的朋友吗？给我介绍介绍。

동사는 중첩하여 쓸 수 있는데 이때는 비교적 완곡한 의미를 나타낸다. '동사＋동사' 또는 '동사＋一＋동사'로 표현할 수 있지만 2음절 동사를 중첩할 때는 一를 넣지 않는다. '동사＋명사(목적어)'로 구성된 단어(이합사)의 경우 동사만 중첩한다.

1음절 동사	2음절 동사	이합사
看: 看(一)看 (좀) 보다	介绍: 介绍介绍 소개 (좀) 하다	散步: 散散步 산책 (좀) 하다
说: 说(一)说 (좀) 말하다	休息: 休息休息 (좀) 쉬다	逛街: 逛逛街 (좀) 돌아다니다

단어 出去 chūqù 동 나가다 | 散步 sànbù 동 산책하다 | 给 gěi 전 ~에게 | 介绍 jièshào 동 소개하다

단어를 교체하며 문형을 익히는 연습입니다. 반복하여 읽어 보세요.

1 [1][2][3][4][5] 🎧 MP3 **10-10**

听说他想去中国。

听说你星期一不去学校。

听说他爸爸是老师。

听说你很喜欢看中国电影。

听说你没有手机。

听说最近有好看的电影。

听说你不喜欢逛街。

听他妈妈说，
他没有中国朋友。

听她朋友说，
她不喜欢坐地铁。

听天气预报说，
明天最高气温三十九度。

2 [1][2][3][4][5] 🎧 MP3 **10-11**

还是去买书吧。

还是去逛街吧。

还是吃苹果吧。

还是明天去吧。

还是去公园吧。

我不认识他，
还是你去吧。

学英语太难，
还是学汉语吧。

我不想喝茶，
还是喝咖啡吧。

今天我很忙，
你还是明天来吧。

开车去太累，
还是坐火车去吧。

3 1 2 3 4 5 🎧 MP3 10-12

날씨가 너무 덥다!

사람이 정말 많다!

차가 너무 느리다!

이 휴대전화는 너무 크다!

이 옷은 너무 비싸다!

이곳의 커피는 정말 맛있다!

중국의 볶음밥은 정말 맛있다!

오늘의 날씨는 정말 좋다!

네 여동생 정말 귀엽다!

이 가방은 정말 예쁘다!

4 1 2 3 4 5 🎧 MP3 10-13

너 좀 들어 봐.

네가 선생님께 좀 여쭤 봐.

너 사전 좀 찾아봐.

너 이 소설 좀 봐.

너 이 새 단어 좀 읽어 봐.

너 집에서 좀 쉬어.

우리 나가서 좀 걷자.

우리 공원 가서 산책 좀 하자.

말 좀 해 봐.

이것은 내가 한 음식이야. 너 맛 좀 봐.

단어 难 nán 형 어렵다 | 衣服 yīfu 명 옷, 의복 | 问 wèn 동 묻다 | 词典 cídiǎn 명 사전 | 读 dú 동 읽다 | 生词 shēngcí 명 새 단어 | 尝 cháng 동 맛보다

본문을 응용한 회화 연습입니다. 뜻을 생각하며 읽어 보세요.

MP3 **10-14**

1

A **你知道明天的气温是多少度吗?**
Nǐ zhīdào míngtiān de qìwēn shì duōshao dù ma?

B **听天气预报说，明天零下三度。**
Tīng tiānqì yùbào shuō, míngtiān língxià sān dù.

2

A **这是你的书吗?**
Zhè shì nǐ de shū ma?

B **是啊，你看一看吧。**
Shì a,　nǐ kàn yi kàn ba.

3

A **咱们下午去公园玩儿吧。**
Zánmen xiàwǔ qù gōngyuán wánr ba.

B **听天气预报说，今天下午下雨，还是在家休息吧。**
Tīng tiānqì yùbào shuō, jīntiān xiàwǔ xiàyǔ,　háishi zài jiā xiūxi ba.

4

A **他是你的朋友吗? 你给我们介绍介绍吧。**
Tā shì nǐ de péngyou ma? Nǐ gěi wǒmen jièshao jièshao ba.

B **好的，没问题。**
Hǎo de,　méi wèntí.

5

A **听说北京的夏天很热。**
Tīngshuō Běijīng de xiàtiān hěn rè.

B **是啊，最高气温三十九度呢。**
Shì a,　zuì gāo qìwēn sānshíjiǔ dù ne.

단어 知道 zhīdào 통 알다 | 零下 língxià 명 영하

실생활에서 바로 사용할 수 있는 좋은 표현입니다. 잘 활용해 보세요.

订票了吗?
Dìng piào le ma?
표 예매했니?

别忘了带伞。
Bié wàngle dài sǎn.
우산 가지고 가는 거 잊지 마.

多穿点儿衣服。
Duō chuān diǎnr yīfu.
옷 좀 많이 입어.

票房怎么样?
Piàofáng zěnmeyàng?
흥행 성적이 어때?

下雪了，小心路滑。
Xiàxuě le, xiǎoxīn lù huá.
눈 와. 길 미끄러우니까 조심해.

我是他的影迷。
Wǒ shì tā de yǐngmí.
나는 그 사람 팬이야.

晒死了，戴墨镜吧！
Shàisǐ le, dài mòjìng ba!
햇볕이 너무 뜨거워. 선글라스 쓰자!

吃不吃爆米花?
Chī bu chī bàomǐhuā?
팝콘 먹을래?

자주 활용할 수 있는 문장입니다. 100문장 암기를 목표로 외워 보세요. 🎧 MP3 10-16

91
今天天气真热啊！

92
听天气预报说，今天下雨。

93
今天的最高气温是多少度？

94
我们去逛街吧。

95
我不太想看电影。

96
你查一查今天的最高气温是多少度。

97
我打算去看电影。

98
我打算去买手机。

99
天气太冷，还是在家学习吧。

100
春天来了，天气真好啊！

벌써 100문장이 술술!

91	92	93	94	95	96	97	98	99	100
✓									

즐겨 보아요!

千里送鹅毛
Qiānlǐ sòng émáo

멀리서 작은 선물을 보내오다

千里는 먼 길, 鹅毛는 거위의 깃털로 작고 가벼운 물건을 뜻한다. 千里送鹅毛는 '먼 곳에서 거위의 깃털을 보내오다'라는 뜻으로, 물건은 작고 대수롭지 않지만 천리나 되는 먼 곳에서 보내오는 것으로 보아 그 정성은 매우 깊다는 것을 뜻한다. 즉, 선물이 비싸고 크지는 않지만 선물하는 사람의 마음이 매우 깊다는 것을 나타내는 표현이다.

06~10

复习 2

- 핵심 문형
- 说一说
- 听一听
- 读一读
- 写一写

06
A：你家有几口人？
B：三口人。
A：你多大了？
B：二十二岁了。

07
A：今天几月几号？
B：十二月三号。
A：星期几？
B：星期天。

08
A：国家图书馆在哪儿？
B：在魏公村附近。
A：怎么去？
B：坐地铁四号线，在国家图书馆站下车。

09
A：在这儿吃还是带走？
B：在这儿吃。一共多少钱？
A：六十八块。
B：给你一百块。

10
A：今天多少度？
B：听天气预报说，今天最高气温三十八度。
A：要去逛街吗？
B：天气太热了，还是去看电影吧。

다음 그림을 보고 상황에 어울리게 대화를 만들어 보세요.

1.

A: _____

B: _____

2.

A: _____

B: _____

3.

A: _____

B: _____

4.

A: _____

B: _____

5.

A: _____

B: _____

녹음을 듣고 (1)의 빈칸에 질문에 대한 알맞은 대답을 중국어로 써 넣고, (2)의 질문에 알맞은 답을
보기에서 고르세요.

1. (1) 问 : 雨真家有几口人?

   答 : _____

   (2) 雨真的哥哥今年多大了?

   보기 ▶ ① 28岁 ② 24岁 ③ 21岁 ④ 20岁

2. (1) 问 : 雨真为什么请世明去她家吃饭?

   答 : _____

   (2) 明天星期几?

   보기 ▶ ① 星期一 ② 星期六 ③ 星期三 ④ 星期天

   단어 为什么 wèi shénme 왜, 어째서

3. (1) 问 : 男的怎么去北京大学?

   答 : _____

   (2) 男的要去哪儿?

   보기 ▶ ① 北京大学 ② 北京车站 ③ 汽车站 ④ 火车站

4. (1) 问：**女的在咖啡厅里点了什么？**

   答：_____

   (2) **一共多少钱？**

   보기 ▶　①六十九块　②三十六块　③六十三块　④三十三块

5. (1) 问：**女的为什么想在家休息？**

   答：_____

   (2) **男的想看什么电影？**

   보기 ▶　①中国电影　②美国电影　③日本电影　④韩国电影

读一读

다음 글을 읽고 해석해 보세요.

　　林芳家有五口人，爸爸、妈妈、哥哥、妹妹和她。她哥哥今年二十八岁，在银行工作，她妹妹还是小学生。她呢，现在是中文系一年级的学生。

　　这个星期天是林芳的二十岁生日，她想请朋友们去她家吃饭，可是李世明和王平星期天上午要去国家图书馆。所以他们约好先在咖啡厅见面，然后一起去图书馆，再去林芳家吃饭。吃饭以后王平想去逛街，李世明说天气太热，还是去看电影更好，王平觉得也是。最后他们决定一起去看电影。

단어 小学生 xiǎoxuéshēng 몡 초등학생 | 中文系 zhōngwénxì 중어중문학과 | 年级 niánjí 몡 학년 | 可是 kěshì 쩹 그러나 | 约 yuē 통 약속하다 | 先 xiān 囲 먼저, 미리, 앞서 | 然后 ránhòu 쩹 그 후에 | 更 gèng 囲 더욱 | 最后 zuìhòu 몡 최후, 마지막, 결국 | 决定 juédìng 통 결정하다

다음 문장을 중국어와 한어병음으로 쓰세요.

1. 이것은 우리 집 가족사진이다.

   C _____   **P** _____

2. 당신 집의 가족은 몇 명이에요?

   C _____   **P** _____

3. 우리 집 식구는 아빠, 엄마, 언니(누나) 그리고 나, 네 명이다.

   C _____   **P** _____

4. 당신 몇 살이에요?[동년배에게]

   C _____   **P** _____

5. 이번 주 토요일이 마침 내 생일이다.

   C _____   **P** _____

6. 2시 5분에 국립도서관역 부근에서 만나요.

   C _____   **P** _____

7. 오늘 무슨 요일이에요?

   C _____   **P** _____

8. 다음 주 일요일에 시간 있어요?

   C _____   **P** _____

9. 저는 시간이 없어요.

   C _____   **P** _____

10. 그럼 지금 바로 출발해요.

   C _____   **P** _____

11. 베이징역은 어디에 있나요?

C .... P ....

12. 당신 가방은 나한테 있어요.

C .... P ....

13. 두 사람 모두 안 가요.

C .... P ....

14. 제가 당신에게 50위안 줄게요.

C .... P ....

15. 지하철 탈래요, 아니면 버스 탈래요?

C .... P ....

16. 모두 얼마예요?

C .... P ....

17. 오늘 날씨가 너무 추워요.

C .... P ....

18. 일기예보에서 오늘 최고 기온이 영하 10도라고 해요.

C .... P ....

19. 봄이 되니까 날씨가 정말 좋아요!

C .... P ....

20. 오늘은 너무 추우니까 집에서 공부하는 게 낫겠어요.

C .... P ....

부록

- 해석과 정답
- 단어 색인
- 알아두기
- 중국어 발음

01 我爱你
저는 당신을 사랑합니다

▶ **말해 봐요!**

본문 ①

나는 널 사랑해.
나는 그 사람을 사랑해.
그녀는 널 사랑해.
엄마는 널 사랑해.
아빠도 널 사랑해.
우리는 모두 너를 사랑해.

한어병음
Wǒ ài nǐ.
Wǒ ài tā.
Tā ài nǐ.
Māma ài nǐ.
Bàba yě ài nǐ.
Wǒmen dōu ài nǐ.

본문 ②

엄마는 나를 사랑하고, 아빠도 나를 사랑한다. 그들은 모두 나를 사랑한다.

한어병음
Māma ài wǒ, bàba yě ài wǒ, tāmen dōu ài wǒ.

▶ **연습해 봐요!**

1 사랑하다
너를 사랑해.
나는 너를 사랑해.
나는 너희들을 사랑해.
우리도 너를 사랑해.
우리 모두 너를 사랑해.
아빠, 엄마 모두 너를 사랑해.

2 믿다
너를 믿어.
나는 너를 믿어.
나는 너희들을 믿어.

우리는 모두 너를 믿어.
우리도 너희들을 믿어.
아빠, 엄마 모두 너를 믿어.

3 爱
爱他。
我爱他。
我爱他们。
我们也爱他。
我们都爱他。
爸爸、妈妈都爱他。

4 相信
相信他。
我相信他。
我相信他们。
我们也相信他。
我们都相信他们。
爸爸、妈妈都相信他。

▶ **묻고 답해 봐요!**

1 A 나는 너희를 사랑해.
  B 우리도 너를 사랑해.

2 A 나는 그 사람을 믿어.
  B 우리도 그 사람을 믿어.

3 A 엄마는 너희를 사랑해.
  B 우리도 엄마를 사랑해요.

4 A 아빠는 그 사람을 믿는다.
  B 엄마도 그 사람을 믿어.

5 A 사랑해요, 엄마.
  B 엄마도 널 사랑해.

▶ **외워 봐요!**

1 나는 널 사랑해.
2 나는 그 사람을 믿어.
3 그녀는 너를 사랑해.
4 그 사람은 나를 믿어.

5 우리도 그 사람을 사랑해.

6 아빠도 너희들을 사랑해.

7 우리들 모두 너를 사랑해.

8 아빠도 그 사람을 믿어.

9 아빠, 엄마 모두 너를 사랑해.

10 아빠, 엄마 모두 그 사람을 믿어.

02 明天你来吗?
내일 당신 오나요?

▶ **말해 봐요!**

본문 ①

한우진 안녕!

왕핑 안녕! 내일 너 오니?

한우진 와. 너는?

왕핑 나도 와.

한우진 그럼 내일 봐.

왕핑 그래. 안녕!

한어병음
韩雨真 Nǐ hǎo!
王平 Nǐ hǎo! Míngtiān nǐ lái ma?
韩雨真 Lái. Nǐ ne?
王平 Wǒ yě lái.
韩雨真 Nà míngtiān jiàn.
王平 Hǎo. Zàijiàn!

본문 ②

내일 그 사람이 오고, 내일 나도 온다. 우리는 내일 만난다.

한어병음
Míngtiān tā lái, míngtiān wǒ yě lái, wǒmen míngtiān jiàn.

▶ **연습해 봐요**

1 오다

나는 와.

그 사람도 와.

너 오니?

그 사람도 오니?

그 사람은 와. 너는?

오늘 그 사람들 모두 와.

내일 너도 오니?

오늘 그 사람들 모두 오니?

내일 그 사람들은 모두 와. 너희들은?

2 보다

책을 봐.

그 사람은 책을 봐.

너는 책을 보니?

너도 책을 보니?

나는 책을 봐. 너는?

오늘 그들은 모두 책을 봐.

그 사람도 책을 봐. 너는?

우리도 책을 봐. 너희들은?

오늘 그들은 모두 책을 봐. 너는?

3 去

去吗?

你去吗?

他去吗?

他也去吗?

你们都去吗?

他们也去吗?

他去,你呢?

我们也去,你们呢?

爸爸、妈妈都去,你们呢?

4 相信

相信你。

他相信你。

他相信你吗?

他也相信你。

我们都相信他。

他也相信你吗?

他相信你,你呢?

我们也相信他,你们呢?

爸爸、妈妈也相信他,你们呢?

▶ 묻고 답해 봐요!

1 A 안녕![만났을 때]
  B 안녕!

2 A 내일 보자!
  B 내일 보자!

3 A 미안해!
  B 괜찮아!

4 A 고마워요!
  B 별말씀을요!

5 A 잘 가!
  B 잘 가!

▶ 외워 봐요!

11 내일 너 오니?
12 내일 나 와.
13 너도 오니?
14 나 모레 와.
15 내일 나도 와.
16 너도 중국에 가니?
17 내일 나는 올 건데, 너는?
18 그럼 내일 봐.
19 우리 내일 모두 올 거야.
20 안녕! / 안녕히 가세요! / 또 만나요!

03 | 这是什么茶?
이것은 무슨 차예요?

▶ 말해 봐요!

본문 ①

한우진 이것은 무슨 차야?
왕핑   이것은 재스민차야.
한우진 한국의 차야?
왕핑   아니, 중국 거야.
한우진 맛있어?

왕핑   맛있어.

한어병음
韩雨真 Zhè shì shénme chá?
王平 Zhè shì mòlìhuāchá.
韩雨真 Shì Hánguó de chá ma?
王平 Bú shì, shì Zhōngguó de.
韩雨真 Hǎohē ma?
王平 Hěn hǎohē.

본문 ②

중국 사람은 차 마시는 것을 좋아한다. 이것은 재스민차인데 재스민차는 맛있다.

한어병음
Zhōngguó rén xǐhuan hē chá. Zhè shì mòlìhuāchá, mòlìhuāchá hěn hǎohē.

▶ 연습해 봐요!

1 책
  이것은 책이야.
  이것은 책이니?
  이것은 중국어 책이야.
  이것도 중국어 책이야.
  이것은 중국어 책이 아니야.
  이것은 중국어 책이 아니니?
  이것은 나의 중국어 책이야.
  이것은 나의 중국어 책이 아니야.
  이것도 너의 중국어 책이니?

2 무엇
  이것은 뭐니?
  저것은 뭐니?
  이것은 무슨 꽃이야?
  저것은 무슨 꽃이야?
  이것은 무슨 차야?
  너는 무슨 차 마셔?
  너는 무슨 차 마시는 걸 좋아해?
  너는 무슨 책 보는 걸 좋아해?
  너는 무슨 영화 보는 걸 좋아해?

3 手机

那是手机。

那是手机吗?

那也是手机。

那不是手机。

那不是手机吗?

那也不是手机。

那是我的手机。

那不是我的手机。

那也是你的手机吗?

4 好吃

很好吃。

好吃吗?

不好吃。

中国茶好喝吗?

好看。

很好看。

我的手机好看吗?

你的名字很好听。

茉莉花茶很好喝。

▶ **묻고 답해 봐요!**

1 A 이것은 무슨 책이야?

　B 이것은 중국어 책이야.

2 A 저것은 뭐니?

　B 저것은 한국차야.

3 A 이것은 너의 책이니?

　B 이것은 나의 책이야.

4 A 너 무슨 차 마셔?

　B 나는 재스민차 마셔.

5 A 중국차 맛있어?

　B 맛있어.

▶ **외워 봐요!**

21 이것은 뭐니?

22 저것은 뭐니?

23 저것은 그 사람의 책이야.

24 그 사람은 너의 학생이니?

25 그 사람은 나의 학생이야.

26 나는 책 보는 것을 좋아해.

27 이것은 내 책이 아니고, 저것도 내 책이 아니야.

28 너는 책 보는 것을 좋아하니?

29 우리는 모두 중국차 마시는 것을 좋아한다.

30 우리는 모두 차 마시는 것을 좋아하지 않는다.

04 | 味道怎么样?
맛이 어때요?

▶ **말해 봐요!**

본문 ①

한우진　너 뭐 먹고 싶니?

왕핑　나는 볶음면 먹고 싶은데, 너는?

한우진　나는 볶음밥 먹고 싶어, 볶음면은 먹고 싶지 않아.

왕핑　좋아. 여기요, 주문할게요!

　　　……

왕핑　맛이 어때?

한우진　정말 괜찮아.

한어병음

韩雨真　Nǐ xiǎng chī shénme?

王平　Wǒ xiǎng chī chǎomiàn, nǐ ne?

韩雨真　Wǒ xiǎng chī chǎofàn, bù xiǎng chī chǎomiàn.

王平　Hǎo. Fúwùyuán, diǎn cài!

　　　……

王平　Wèidào zěnmeyàng?

韩雨真　Hěn búcuò.

본문 ②

나는 볶음밥을 먹고, 샤오왕은 볶음면을 먹는다. 볶음밥과 볶음면의 맛이 모두 좋다.

Wǒ chī chǎofàn, xiǎo Wáng chī chǎomiàn. Chǎofàn hé chǎomiàn de wèidao dōu hěn búcuò.

▶ 연습해 봐요!

1 뭐 먹어?

너 뭐 먹어?

너 뭐 먹고 싶어?

너는 무슨 면 먹어?

너는 무슨 면 먹고 싶어?

뭐 마셔?

너 뭐 마셔?

너는 뭐 마시고 싶어?

너 무슨 차 마셔?

너 무슨 차 마시고 싶어?

2 어때?

맛이 어때?

볶음밥의 맛이 어때?

볶음면의 맛이 어때?

볶음밥과 볶음면의 맛이 어때?

날씨 어때?

내일의 날씨는 어때?

너희들의 학교는 어때?

건강은 어때?

너희 엄마의 건강은 어떠셔?

3 看什么?

你看什么?

你想看什么?

你看什么书?

你想看什么书?

点什么?

你点什么?

你想点什么?

你点什么菜?

你想点什么菜?

4 我和他

我和他都去中国。

你和他都去中国吗?

我和他都不去中国。

我和他都想去中国。

炒饭和炒面

炒饭和炒面的味道

炒饭和炒面都很好吃。

炒饭和炒面的味道怎么样?

炒饭和炒面都不好吃。

▶ 묻고 답해 봐요!

1 A 너 뭐 먹고 싶어?

　 B 나는 볶음밥 먹고 싶어.

2 A 너 뭐 마시고 싶어?

　 B 나는 차 마시고 싶어.

3 A 볶음밥의 맛이 어때?

　 B 맛이 좋아.

4 A 너희들 모두 중국에 가고 싶어?

　 B 우리 모두 가고 싶어.

5 A 너도 한국음식 먹는 거 좋아해?

　 B 나도 먹는 거 좋아해.

▶ 외워 봐요!

31 너 뭐 먹어?

32 너 뭐 먹고 싶어?

33 난 볶음밥 먹어. 너는?

34 나는 볶음면 먹어.

35 나와 그 사람 모두 볶음밥 먹고 싶어.

36 맛이 어때?

37 맛이 좋아.

38 주문할게요.

39 나는 볶음면 먹는 걸 좋아해.

40 나는 볶음밥과 볶음면 모두 좋아해.

05 | 你是哪国人?
어느 나라 사람이에요?

▶ 말해 봐요!

본문 ①

린팡　안녕하세요! 이름이 어떻게 되세요?

한우진　저는 한씨이고, 우진이라고 합니다.

린팡　어느 나라 사람이에요?

한우진　저는 한국인입니다. 당신은 중국인이지요?

린팡　네, 저는 린팡이라고 합니다. 만나서 반갑습니다.

한우진　저도 만나서 반갑습니다.

한어병음
林芳　Nǐ hǎo! Nǐ jiào shénme míngzi?
韩雨真　Wǒ xìng Hán, jiào Yǔzhēn.
林芳　Nǐ shì nǎ guó rén?
韩雨真　Wǒ shì Hánguó rén. Nǐ shì Zhōngguó rén ba?
林芳　Shì de, wǒ jiào Lín Fāng. Rènshi nǐ hěn gāoxìng!
韩雨真　Rènshì nǐ wǒ yě hěn gāoxìng!

본문 ②

저는 한씨이고 우진이라고 합니다. 저는 한국인입니다. 저는 중국 친구가 한 명 있는데, 그녀의 이름은 린팡입니다.

한어병음
Wǒ xìng Hán, jiào Yǔzhēn, wǒ shì Hánguó rén. Wǒ yǒu yí ge Zhōngguó péngyou, tā jiào Lín Fāng.

▶ 연습해 봐요!

1 너는 이름이 뭐니?

　나는 한우진이라고 해.

　그녀는 이름이 뭐야?

　그녀는 한씨이고, 우진이라고 해.

　그녀는 우진이라고 하니?

　그녀는 성이 뭐야?

　성씨가 어떻게 되시나요?

　그녀는 한씨니?

　그녀도 한씨야.

　그녀는 임씨가 아니라 한씨야.

2 너는 어느 나라 사람이니?

　나는 미국인이야.

　그 사람도 미국인이니?

　그 사람은 미국인이 아니야.

　너의 학생은 한국인이니?

　나의 학생 모두 한국인이야.

　그들 모두 중국인이지?

　응, 그들 모두 중국인이야.

　너의 선생님은 어느 나라 사람이니?

　나의 선생님은 중국인이야.

3 你是学生吧?

　你妈妈是老师吧?

　他是你的学生吧?

　这是你的手机吧?

　那是他的书吧?

　你不去中国吧?

　你不想吃炒饭吧?

　你不是韩国人吧?

　你不认识他吧?

　你不喜欢喝茶吧?

4 我认识他。

　我不认识他。

　我也认识他。

　你认识他吗?

　我很想认识他。

　我也很想认识他。

　你认识我们的老师吗?

　你也认识我们的老师吧?

　你们都认识他吗?

　我们都不认识他。

▶ 묻고 답해 봐요!

1 A 이름이 어떻게 되시나요?

　B 성은 한이고, 우진이라고 합니다.

2 A 그녀의 이름이 뭐지?

　B 그녀는 린팡이야.

3 A 당신은 선생님이시죠?

  B 저는 선생이 아니라 학생입니다.

4 A 당신들은 모두 한국인인가요?

  B 아닙니다. 저는 한국인이고, 저분은 중국인입니다.

5 A 너 그 사람 알아?

  B 나는 그 사람 몰라.

▶ 외워 봐요!

41 당신은 어느 나라 사람이에요?

42 당신은 이름이 어떻게 되세요?

43 당신은 중국인이에요?

44 우리 모두 한국인이에요.

45 저는 학생입니다.

46 저는 선생이 아니에요.

47 만나 뵙게 되어서 반갑습니다.

48 저도 만나 뵙게 되어서 반갑습니다.

49 저는 한씨고, 우진이라고 합니다.

50 나는 중국 친구가 한 명 있어요.

01-05 复习 1
복습 1

▶ 핵심 문형

01 나는 널 사랑해.

  그 사람은 나를 사랑해.

  엄마는 너를 사랑해.

  아빠, 엄마 모두 나를 사랑해.

02 A 내일 너 오니?

  B 와.

  A 그럼 내일 봐.

  B 그래. 안녕!

03 A 이것은 무슨 차야?

  B 이것은 재스민차야.

  A 맛있어?

  B 맛있어.

04 A 너 뭐 먹고 싶니?

  B 나는 볶음면 먹고 싶은데, 너는?

  A 나는 볶음밥 먹을래.

  B 좋아. 여기요, 주문할게요!

05 A 이름이 어떻게 되세요?

  B 저는 한씨이고, 우진이라고 합니다. 만나서 반갑습니다!

  A 저도 만나서 반갑습니다! 어느 나라 사람이에요?

  B 저는 한국인입니다.

▶ 说一说

1 A 爸爸，我爱你。

  B 我也爱你。

2 A 明天你来吗？

  B 来。你呢？

3 A 这是什么茶？

  B 这是茉莉花茶。

4 A 味道怎么样？

  B 很不错。

5 A 你是哪国人？

  B 我是韩国人。

▶ 听一听

1 (1) 妈妈 / 爱 / 也

  (2) ②

> **녹음대본**　　　　　　　　　　MP3 f 01-02
>
> (1) A : 妈妈，我爱你。
>   B : 我也爱你。
> (2) 他们都相信我。

2 (1) 明天 / 呢 / 也 / 那

  (2) ③

녹음대본   MP3 f 01-02

(1) A : 明天你来吗?
　　B : 我来，你呢?
　　A : 我也来。
　　B : 那明天见!
(2) 明天他去学校。

3 (1) 喝茶 / 是 / 中国的 / 好喝

　(2) ④

녹음대본   MP3 f 01-02

(1) A : 你喜欢喝茶吗?
　　B : 很喜欢。这是什么茶?
　　A : 这是中国的茉莉花茶。
　　B : 中国的茉莉花茶很好喝。
(2) 这是妈妈的汉语书。

4 (1) 想 / 味道 / 不错 / 点

　(2) ③

녹음대본   MP3 f 01-02

(1) A : 雨真，我想吃炒饭。
　　B : 炒饭的味道怎么样?
　　A : 很不错。
　　B : 那我们点炒饭吧。
(2) 我们喝中国茶，怎么样?

5 (1) 叫 / 姓 / 韩国人 / 中国人

　(2) ①

녹음대본   MP3 f 01-02

(1) A : 你叫什么名字?
　　B : 我姓林，我叫林芳。
　　A : 你是韩国人吗?
　　B : 不是，我是中国人。
(2) 这是我的中国朋友，她很漂亮。

▶ 读 一 读

한우진은 중국 친구 한 명이 있는데 그의 이름은 왕핑이
다. 이번 주말 왕핑은 한우진을 초대해서 중국 음식을 먹
었다. 왕핑은 볶음면을 주문했고, 한우진은 볶음밥을 주문

했다. 밥을 먹은 후에 그들은 재스민차를 마셨다. 한우진은
처음으로 중국에서 볶음밥을 먹었고, 재스민차를 마셨는
데 그녀는 맛이 모두 괜찮다고 느꼈다.

▶ 写 一 写

1 爸爸、妈妈都爱我。
　Bàba、māma dōu ài wǒ.

2 我也喜欢她。
　Wǒ yě xǐhuan tā.

3 我们都相信他。
　Wǒmen dōu xiāngxìn tā.

4 我们也爱你们。
　Wǒmen yě ài nǐmen.

5 明天你们也不来吗?
　Míngtiān nǐmen yě bù lái ma?

6 你今天去学校吗?
　Nǐ jīntiān qù xuéxiào ma?

7 爸爸不吃，妈妈呢?
　Bàba bù chī, māma ne?

8 今天不去，明天去。
　Jīntiān bú qù, míngtiān qù.

9 这是什么书?
　Zhè shì shénme shū?

10 中国人喜欢喝茶。
　Zhōngguó rén xǐhuan hē chá.

11 这是你的吗?
　Zhè shì nǐ de ma?

12 这个手机不是我的，是我朋友的。
　Zhège shǒujī bú shì wǒ de, shì wǒ péngyou de.

13 你想喝什么茶?
　Nǐ xiǎng hē shénme chá?

14 我想吃炒饭，你呢?
　Wǒ xiǎng chī chǎofàn, nǐ ne?

15 我们去学校，怎么样?
Wǒmen qù xuéxiào, zěnmeyàng?

16 点菜!
Diǎn cài!

17 您贵姓? / 你叫什么名字?
Nín guìxìng? / Nǐ jiào shénme míngzi?

18 你是哪国人?
Nǐ shì nǎ guó rén?

19 我们都是韩国人。
Wǒmen dōu shì Hánguó rén.

20 认识你很高兴。
Rènshi nǐ hěn gāoxìng.

06 她多大了?
그녀는 몇 살이에요?

▶ 말해 봐요!

본문 ①

린팡 　이것은 우리 집 가족사진이야.

이세명 　너희 집 다섯 식구구나! 이 사람은 누구야?

린팡 　이 사람은 우리 오빠야.

이세명 　네 오빠 대학생이지?

린팡 　오빠는 대학생이 아니야. 이미 직장에 다녀.

이세명 　이 사람은 네 여동생이지? 몇 살이야?

린팡 　올해 열두 살 됐어.

이세명 　네 여동생 정말 귀엽다.

한어병음

林芳　Zhè shì wǒ jiā de quánjiāfú.

李世明　Nǐ jiā yǒu wǔ kǒu rén a! Zhè shì shéi?

林芳　Zhè shì wǒ gēge.

李世明　Nǐ gēge shì bu shì dàxuésheng?

林芳　Tā bú shì dàxuésheng, yǐjīng gōngzuò le.

李世明　Zhè shì nǐ mèimei ba? Tā duōdà le?

林芳　Jīnnián shí'èr suì le.

李世明　Nǐ mèimei zhēn kě'ài.

본문 ②

이것은 린팡 집의 가족사진이다. 그녀 집에는 아빠, 엄마, 오빠, 여동생, 그리고 린팡 다섯 식구가 있다. 린팡의 오빠는 이미 직장에 다닌다. 그녀의 여동생은 올해 열두 살이고 정말 귀엽다.

한어병음

Zhè shì Lín Fāng jiā de quánjiāfú. Tā jiā yǒu wǔ kǒu rén、bàba、māma、gēge、mèimei hé tā. Tā gēge yǐjīng gōngzuò le. Tā mèimei jīnnián shí'èr suì, hěn kě'ài.

▶ 연습해 봐요!

1 그 사람 학생이야 아니야?

이것은 중국차야 아니야?

너는 중국 가 안 가?

너는 중국어 책 있어 없어?

너는 차 마셔 안 마셔?

너는 볶음밥 먹어 안 먹어?

너는 그 사람 알아 몰라?

너는 한국 가고 싶어 안 가고 싶어?

너는 책 볼 거야 안 볼 거야?

너는 볶음면 먹는 것 좋아해 안 좋아해?

2 정말 좋다.

오늘의 날씨가 정말 좋다.

정말 예쁘다.

너의 휴대전화가 정말 예뻐.

정말 귀여워.

네 여동생 정말 귀여워.

정말 맛있어.

중국의 볶음밥은 정말 맛있어.

정말 커.

너희 학교 정말 크다.

3 他已经走了。

妈妈已经来了。

他已经去学校了。

我已经买手机了。

他已经是大学生了。

他已经点炒饭了。

해석과 정답

爸爸已经喝咖啡了。
哥哥已经去中国了。
我朋友已经来韩国了。
妹妹已经去图书馆了。

4 你妹妹多大了？
　十二岁了。
　您多大年纪了？
　我今年五十岁了。
　你爸爸今年多大年纪了？
　我爸爸五十二岁了。
　小朋友几岁了？
　八岁了。
　你多大了？
　二十三岁了。

▶ 묻고 답해 봐요!

1 A 너희 집 식구 몇 명이야?
　B 우리집은 엄마, 아빠, 오빠 그리고 나 네 식구야.

2 A 너 볶음밥 먹고 싶어 안 먹고 싶어?
　B 나 볶음밥 먹고 싶지 않고, 볶음면 먹고 싶어.

3 A 휴대전화 안 사?
　B 나 이미 샀어.

4 A 너 몇 살이니?
　B 21살이야.

5 A 너희 아버지는 올해 연세가 어떻게 되시니?
　B 올해 53세셔.

▶ 외워 봐요!

51 이것은 우리 집 가족사진이다.
52 내 여동생은 학생이다.
53 나는 이미 대학생이다.
54 몇 살이에요?
55 올해 21살이에요.
56 가족이 몇 명이에요?
57 우리 집은 네 식구입니다.

58 네 여동생 정말 귀여워.
59 너 형[오빠] 있어 없어?
60 엄마는 이미 중국에 가셨어.

07 你的生日是几月几号?
당신의 생일은 몇 월 며칠입니까?

▶ 말해 봐요!

본문 ①

이세명 네 생일은 몇 월 며칠이야?
린팡 5월 26일이야.
이세명 이번 주 일요일이니?
린팡 맞아. 너 우리 집에 저녁 먹으러 와.
이세명 좋아, 문제없어. 몇 시에?
린팡 다섯 시 반 어때?
이세명 괜찮아.
린팡 그럼 일요일에 보자.

한어병음

李世明 Nǐ de shēngrì shì jǐ yuè jǐ hào?
林芳 Wǔ yuè èrshíliù hào.
李世明 Shì zhège xīngqītiān ma?
林芳 Duì a, nǐ lái wǒ jiā chī wǎnfàn ba.
李世明 Hǎo, méi wèntí. Jǐ diǎn?
林芳 Wǔ diǎn bàn zěnmeyàng?
李世明 Kěyǐ.
林芳 Nà xīngqītiān jiàn.

본문 ②

5월 26일은 린팡의 생일이다. 그날이 마침 일요일이어서 그녀는 내게 저녁 먹으러 그녀의 집으로 오라고 초대하였고, 나는 승낙하였다.

한어병음

Wǔ yuè èrshíliù hào shì Lín Fāng de shēngrì, nàitiān zhènghǎo shì xīngqītiān, tā qǐng wǒ qù tā jiā chī wǎnfàn, wǒ dāying le.

▶ **연습해 봐요!**

1 어제는 몇 월 며칠이니?
　오늘은 몇 월 며칠이니?
　내일은 몇 월 며칠이니?
　어제는 12월 14일이야.
　우리는 몇 월 며칠에 만나?
　너는 몇 월 며칠에 중국에 가?
　그들은 몇 월 며칠에 한국에 와?
　우리는 몇 월 며칠에 방학하니?
　우리는 몇 월 며칠에 개학하니?
　너희 아빠 생신은 몇 월 며칠이니?

2 어제는 무슨 요일이니?
　오늘은 무슨 요일이니?
　내일은 무슨 요일이니?
　그저께는 월요일이야.
　어제는 화요일이야.
　오늘은 수요일이야.
　7월 6일은 무슨 요일이니?
　4월 14일은 무슨 요일이니?
　7월 6일은 목요일이야.
　4월 14일은 금요일이야.

3 你几点吃饭?
　他几点起床?
　他几点睡觉?
　爸爸几点回家?
　你几点去学校?
　我六点吃饭。
　他七点起床。
　他十二点睡觉。
　爸爸五点回家。
　我一点一刻去学校。

4 我去学校见朋友。
　我去朋友家玩儿。
　我去电影院看电影。
　我去学校看书。
　她去中国学汉语。
　她去美国学英语。

她来韩国学韩语。
你来我家吃饭吧。
你来中国学汉语吧。
我们明天去学校学习吧。

▶ **묻고 답해 봐요!**

1 A 오늘 몇 월 며칠이야?
　B 5월 3일이야.

2 A 엄마의 생신은 무슨 요일이야?
　B 화요일이야.

3 A 오늘 목요일이야?
　B 목요일이 아니고, 금요일이야.

4 A 지금 몇 시지?
　B 두 시 오 분이야.

5 A 너 내일 몇 시에 와?
　B 오전 9시에 와.

▶ **외워 봐요!**

61 오늘 몇 월 며칠이니?
62 오늘 무슨 요일이니?
63 지금 몇 시니?
64 두 시 오 분이야.
65 너 몇 시에 자니?
66 나는 6시에 일어나.
67 이번 주 일요일에 우리는 그 사람 집에 가서 저녁밥을 먹는다.
68 너 우리 집에 놀러 와.
69 나 책 보러 학교에 가.
70 엄마의 생신은 5월 6일이다.

08 国家图书馆在哪儿?
국립도서관은 어디에 있어요?

▶ **말해 봐요!**

본문 ①

왕핑   세명, 오늘 시간 있어?

이세명   있어. 무슨 일 있어?

왕핑   우리 함께 국립도서관 가는 거 어때?

이세명   좋아. 국립도서관은 어디에 있어?

왕핑   웨이공춘 부근에 있어.

이세명   어떻게 가?

왕핑   지하철 4호선 타고 가.

이세명   그래? 그럼 지금 바로 출발하자.

한어병음

王平   Shìmíng, nǐ jīntiān yǒu shíjiān ma?

李世明   Yǒu a, yǒu shénme shìr?

王平   Wǒmen yìqǐ qù Guójiā Túshūguǎn, hǎo bu hǎo?

李世明   Hǎo a, Guójiā Túshūguǎn zài nǎr?

王平   Zài Wèigōngcūn fùjìn.

李世明   Zěnme qù?

王平   Zuò dìtiě sì hào xiàn qù.

李世明   Shì ma? Nà xiànzài jiù chūfā ba.

본문 ②

오늘 이세명과 왕핑은 함께 국립도서관에 갔다. 국립도서관은 웨이공춘 부근에 있고, 지하철 4호선을 타고 국립도서관역에서 내리면 된다.

한어병음

Jīntiān Lǐ Shìmíng hé Wáng Píng yìqǐ qùle Guójiā Túshūguǎn. Guójiā Túshūguǎn zài Wèigōngcūn fùjìn, zuò dìtiě sì hào xiàn, zài guójiā túshūguǎn zhàn xià chē jiù xíng.

▶ **연습해 봐요!**

1 너 어디에 있어?

   너희 집은 어디에 있어?

   지하철역은 어디에 있어?

   내 책 어디에 있어?

네 책가방은 어디에 있어?

나는 학교에 있어.

우리 집은 지하철역 부근에 있어.

지하철역은 은행 옆에 있어.

네 책은 나한테 있어.

내 가방은 우리 엄마한테 있어.

2 우리 어디에서 만나지?

   너 어디에서 공부해?

   아빠는 어디에서 식사하시지?

   누나(언니)는 어디에서 일해?

   너희들 어디에서 내려?

   우리 영화관에서 만나.

   나는 도서관에서 공부해.

   아빠는 학교에서 식사하셔.

   누나(언니)는 은행에서 일해.

   우리는 국립도서관역에서 내려.

3 怎么去?

   请问, 怎么去地铁站?

   怎么写?

   这个字怎么写?

   怎么做?

   这个菜怎么做?

   怎么吃?

   这个菜怎么吃?

   怎么说?

   用汉语怎么说?

4 现在出发就行。

   坐地铁四号线就行。

   在国家图书馆站下车就行。

   来我家就行。

   去图书馆就行。

   点一个炒面就行。

   喝一杯水就行。

   三个人就行。

   坐飞机去就行。

   今天去就行。

▶ 묻고 답해 봐요!

1 A 내 책 어디에 있어?
  B 네 책 나한테 있어.

2 A 우리 함께 커피 마시러 가자. 어때?
  B 좋아, 가자.

3 A 베이징역은 어떻게 가나요?
  B 쭉 걸어가시면 됩니다.

4 A 우리 뭐 타고 가지?
  B 버스 타고 가.

5 A 너 오후에 시간 있어?
  B 있어. 무슨 일 있어?

▶ 외워 봐요!

71 국립도서관은 어디에 있어?

72 너 시간 있어?

73 너 무슨 일 있어?

74 우리 함께 도서관에 가자. 어때?

75 오늘은 나 시간 없어.

76 너 어떻게 학교에 가?

77 아빠는 지하철을 타고 도서관에 가신다.

78 너희들 어디에서 내려?

79 우리 베이징역에서 내려.

80 그럼 지금 바로 출발하자.

09 一共多少钱?
모두 얼마예요?

▶ 말해 봐요!

본문 ①

점원   어서 오세요! 무엇으로 하시겠어요?
이세명 아메리카노 두 잔, 초콜릿 케이크 한 조각이요.
점원   시럽 넣으세요?
이세명 두 잔 모두 안 넣어요.
점원   여기에서 드세요, 아니면 가지고 가세요?

이세명 여기에서 먹어요. 모두 얼마예요?
점원   68위안입니다.
이세명 100위안 드릴게요.

한어병음

服务员 Huānyíng guānglín! Nín yào shénme?
李世明 Liǎng bēi měishì kāfēi, yí kuài qiǎokèlì dàngāo.
服务员 Yào jiā táng ma?
李世明 Liǎng bēi dōu bú yào.
服务员 Zài zhèr chī háishi dài zǒu?
李世明 Zài zhèr chī. Yígòng duōshao qián?
服务员 Liùshíbā kuài.
李世明 Gěi nǐ yìbǎi kuài.

본문 ②

나와 왕핑은 커피를 마시고 싶어서 우리는 한 카페에 갔다.
우리는 아메리카노 두 잔과 초콜릿 케이크 한 조각을 주문
했는데 모두 68위안이었다.

한어병음

Wǒ hé Wáng Píng xiǎng hē kāfēi, suǒyǐ wǒmen qùle
yì jiā kāfēitīng. Wǒmen diǎnle liǎng bēi měishì kāfēi hé
yí kuài qiǎokèlì dàngāo, yígòng liùshíbā kuài qián.

▶ 연습해 봐요!

1 이거야, 아니면 저거야?
  커피 마실 거야, 아니면 차 마실 거야?
  지하철 탈래, 아니면 버스 탈래?
  이 옷 살래, 아니면 저 옷 살래?
  이것 먹을래, 아니면 저것 먹을래?
  그녀는 차를 사려고 하니, 아니면 커피를 사려고 하니?
  도서관 갈래, 아니면 학교 갈래?
  그 사람은 한국인이야, 아니면 중국인이야?
  너는 중국어 배울래, 아니면 한국어 배울래?
  그녀는 중국 소설 보는 걸 좋아해, 아니면 한국 소설 보
  는 걸 좋아해?

2 나는 이것 할래.
  너는 어느 것 할래?
  나는 이 책 할래.
  너는 어느 책 할래?

나는 저 휴대전화 할래.

너는 어느 휴대전화 할래?

그녀는 커피 한 잔이요.

나는 볶음밥 하나요.

그는 커피 몇 잔 필요해?

그녀는 볶음밥 몇 개 필요해?

3 我要学英语。

我要吃炒饭。

我要去朋友家。

他要看中国电影。

他要买一个手机。

我要喝一杯咖啡。

弟弟要去公园玩儿。

他们要去中国学汉语。

妈妈要去电影院看电影。

我们要坐地铁去图书馆。

4 给你。

给我吧。

我给你一本书。

给我一杯咖啡。

我给你一百块钱吧。

给我一本书，好吗？

给我一杯茶，好不好？

哥哥想给我一个书包。

妈妈要给她一百块钱。

我想给他一件生日礼物。

▶ 묻고 답해 봐요!

1 A 이거 얼마예요?

 B 6위안 8마오예요.

2 A 이거 비싸나요?

 B 비싸지 않아요, 저렴해요.

3 A 그 사람 도서관 갔어?

 B 아니, 오늘 그 사람 일이 있어서 집으로 돌아갔어.

4 A 커피 두 잔 주세요.

 B 여기 있습니다. 더 필요하신 것 있나요?

5 A 당신은 베이징이 좋아요, 아니면 상하이가 좋아요?

 B 저는 상하이가 좋아요.

▶ 외워 봐요!

81 저 커피 한 잔이요.

82 모두 얼마예요?

83 너 이것 필요해, 아니면 저것 필요해?

84 너 뭐 마시고 싶어?

85 제가 당신에게 200위안 드릴게요.

86 그 사람은 나에게 책 한 권을 줬어.

87 나는 케이크 하나를 사려고 한다.

88 둘 다 시럽 안 넣어요.

89 우리는 커피 두 잔을 주문했다.

90 여기에서 드세요, 아니면 가지고 가세요?

10 今天天气真热啊!
오늘 날씨 정말 덥네요!

▶ 말해 봐요!

본문 ①

왕핑 　오늘 날씨 정말 덥네!

이세명 그러게 말이야. 오늘 몇 도야?

왕핑 　일기예보에서 오늘 최고 기온이 38도래.

이세명 거리를 돌아다니면 너무 더우니까 우리 아무래도 영화 보러 가는 게 낫겠어.

왕핑 　너 무슨 영화 보고 싶어?

이세명 요즘 무슨 재미있는 영화 있어?

왕핑 　나도 잘 몰라. 휴대전화로 좀 찾아보자.

이세명 그래, 너 빨리 검색해 봐.

한어병음

王平　Jīntiān tiānqì zhēn rè a!

李世明　Shì a, jīntiān duōshao dù a?

王平　Tīng tiānqì yùbào shuō, jīntiān zuì gāo qìwēn sānshíbā dù.

李世明　Guàng jiē tài rè le, zánmen háishi qù kàn diànyǐng ba.

王平　Nǐ xiǎng kàn shénme diànyǐng?

李世明　Zuìjìn yǒu shénme hǎokàn de diànyǐng ma?

王平　Wǒ yě bú tài qīngchu, yòng shǒujī chá yi chá ba.

李世明　Xíng, nǐ kuài chá ba.

본문 ②

오늘 날씨는 정말 덥다. 최고 기온이 38도이다. 우리는 거리를 돌아다니기에는 너무 더울 것 같아서 영화를 보러 갈 계획이다. 우리는 휴대전화로 최근에 재미있는 영화가 있는지 없는지 좀 찾아보려고 한다.

한어병음

Jīntiān tiānqì hěn rè, zuì gāo qìwēn sānshíbā dù. Wǒmen juéde guàng jiē tài rè le, suǒyǐ dǎsuàn qù kàn diànyǐng. Wǒmen yào yòng shǒujī chá yi chá zuìjìn yǒu méiyǒu hǎokàn de diànyǐng.

▶ 연습해 봐요!

1 듣기로 그 사람 중국에 가고 싶어한대.

　듣기로 너 월요일에 학교 안 간다며.

　듣기로 그 사람 아버지가 선생님이래.

　듣기로 네가 중국 영화 보는 것 좋아한다던데.

　듣기로 너 휴대전화가 없다던데.

　듣기로 최근에 재미있는 영화가 있다.

　듣기로 네가 거리 구경하는 걸 싫어한다던데.

　그 사람 어머니가 말씀하시는 걸 듣기로 그 사람은 중국 친구가 없대.

　그녀의 친구가 말하는 것을 들으니까 그녀는 지하철 타는 것을 좋아하지 않는대.

　일기예보에서 말하는 것을 들으니까 내일 최고 기온이 39도래.

2 아무래도 책 사러 가는 게 좋겠다.

　아무래도 거리를 돌아다니는 게 낫겠다.

　아무래도 사과를 먹는 게 낫겠다.

　아무래도 내일 가는 게 낫겠다.

　아무래도 공원을 가는 게 좋겠다.

　나는 그 사람을 모르니까 네가 가는 게 낫겠다.

　영어 배우기는 너무 어려우니까 중국어를 배우는 게 낫겠다.

　나는 차 마시고 싶지 않으니까 커피를 마시는 게 낫겠다.

　오늘 내가 바쁘니까 너는 내일 오는 게 좋겠다.

　운전해서 가면 너무 피곤하니까 기차를 타고 가는 게 좋겠다.

3 天气太热了!

　人太多了!

　车太慢了!

　这个手机太大了!

　这件衣服太贵了!

　这儿的咖啡太好喝了!

　中国的炒饭太好吃了!

　今天的天气太好了!

　你妹妹太可爱了!

　这个书包太好看了!

4 你听一听吧。

　你问一问老师吧。

　你查一查词典吧。

　你看一看这本小说。

　你读一读这个生词。

　你在家休息休息吧。

　我们出去走一走吧。

　我们去公园散散步吧。

　你说一说吧。

　这是我做的菜，你尝一尝吧。

▶ 묻고 답해 봐요!

1 A 너 내일 기온이 몇 도인지 아니?

　B 일기예보 들으니까, 내일 영하 3도래.

2 A 이것은 네 책이야?

　　B 응. 너 좀 봐봐.

3 A 우리 오후에 공원에 놀러 가자.

　　B 일기예보에서 오후에 비 온대. 아무래도 집에서 쉬는 게 낫겠어.

4 A 그 사람은 네 친구니? 네가 우리에게 소개 좀 해 줘.

　　B 좋아, 그럴게.

5 A 들으니까, 베이징은 여름에 매우 덥다고 해.

　　B 맞아. 최고 기온이 39도야.

▶ **외워 봐요!**

91 오늘 날씨 정말 덥다!

92 일기예보에서 오늘 비 온대.

93 오늘 최고 기온은 몇 도야?

94 오늘 거리 구경하러 가자.

95 나는 영화를 별로 보고 싶지 않아.

96 너 오늘 최고 기온이 몇 도인지 좀 찾아봐.

97 나는 영화 보러 갈 계획이야.

98 나는 휴대전화를 사러 갈 계획이야.

99 날씨가 너무 추우니까 아무래도 집에서 공부하는 게 낫겠어.

100 봄이 오니까 날씨가 정말 좋아!

06-10 复习 2
복습 2

▶ **핵심 문형**

06 A 당신의 가족은 몇 명입니까?

　　B 세 식구입니다.

　　A 당신은 몇 살입니까?

　　B 스물 두 살입니다.

07 A 오늘은 몇 월 며칠입니까?

　　B 12월 3일입니다.

　　A 무슨 요일이에요?

　　B 일요일이에요.

08 A 국립도서관은 어디에 있습니까?

　　B 웨이공춘 근처에 있어요.

　　A 어떻게 가나요?

　　B 지하철 4호선을 타고 국립도서관역에서 내립니다.

09 A 여기서 드시겠어요, 아니면 가져가시겠어요?

　　B 여기서 먹을 거예요. 모두 얼마입니까?

　　A 68위안입니다.

　　B 100위안 드릴게요.

10 A 오늘은 몇 도입니까?

　　B 일기예보를 들으니까 오늘 최고기온이 38도래요.

　　A 거리 구경 갈래요?

　　B 날씨가 너무 더워서 영화 보러 가는 게 낫겠어요.

▶ **说 一 说**

1 A 她多大了？

　　B 今年十二岁了。

2 A 你的生日是几月几号？

　　B 五月二十六号。

3 A 国家图书馆在哪儿？

　　B 在魏公村附近。

4 A 一共多少钱？

　　B 六十八块。

5 A 今天多少度？

　　B 今天最高温度三十八度。

▶ **听 一 听**

1 (1) 四口人

　 (2) ①

> **녹음대본** MP3 f 02-02
>
> 男：雨真，你家有几口人？
>
> 女：我家有四口人。爸爸、妈妈、哥哥和我。
>
> 男：你哥哥是大学生吗？
>
> 女：我哥哥今年二十八岁，已经工作了。

2 (1) 明天是雨真的生日。

(2) ②

녹음대본　　　　　　　　　MP3 f 02-02

男：雨真，听说明天是你的生日。
女：是啊，世明，明天晚上你有时间吗？
男：明天正好是星期六，我没有什么事儿。
女：那你晚上来我家吃饭吧。

3 (1) 坐地铁三号线，在北京大学站下车。

(2) ①

녹음대본　　　　　　　　　MP3 f 02-02

男：请问，怎么去北京大学？
女：坐地铁三号线，在北京大学站下车。
男：地铁站在哪儿？
女：就在这儿。

4 (1) 两杯咖啡和三块蛋糕。

(2) ①

녹음대본　　　　　　　　　MP3 f 02-02

男：您要什么？
女：给我两杯咖啡，三块蛋糕。
男：在这儿吃还是带走？
女：带走。一共多少钱？
男：咖啡三十六块，蛋糕三十三块，一共六十九块。

5 (1) 因为天气太冷。

(2) ④

녹음대본　　　　　　　　　MP3 f 02-02

男：周末你想做什么？
女：天气太冷，我想在家休息。你呢？
男：我想去看电影。
女：你想看什么电影？
男：我想看韩国电影。一起去，怎么样？
女：好啊，你先用手机查一查吧。

▶ **读 ─ 读**

린팡집은 아빠, 엄마, 오빠, 여동생 그리고 그녀 다섯 식구가 있다. 그녀의 오빠는 올해 28로, 은행에서 일하며, 그녀의 여동생

은 아직 초등학생이다. 그녀는 현재 중문과 1학년 학생이다. 이번 주 일요일은 린팡의 19살 생일이어서 그녀는 친구들을 집으로 초청해서 밥을 먹으려고 하지만 이세명과 왕핑은 일요일 오전에 국가도서관에 가려고 한다. 그래서 그들은 먼저 카페에서 만나 그 후에 함께 도서관을 가고, 다시 린팡집에 밥 먹으러 가기로 약속하였다. 밥 먹은 후에 왕핑은 거리 구경하러 가려고 했지만 이세명이 날씨가 너무 더워 영화 보러 가는 것이 더 낫다고 말하였고, 왕핑도 그렇다고 생각했다. 결국 그들은 함께 영화를 보러 가기로 결정했다.

▶ **'写 ─ '写**

1 这是我家的全家福。
　Zhè shì wǒ jiā de quánjiāfú.

2 你家有几口人？
　Nǐ jiā yǒu jǐ kǒu rén?

3 我家有四口人，爸爸、妈妈、姐姐和我。
　Wǒ jiā yǒu sì kǒu rén, bàba、māma、jiějie hé wǒ.

4 你多大了？
　Nǐ duō dà le?

5 这个星期六正好是我的生日。
　Zhège xīngqīliù zhènghǎo shì wǒ de shēngrì.

6 两点零五分在国家图书馆站附近见吧。
　Liǎng diǎn líng wǔ fēn zài Guójiā Túshūguǎn zhàn fùjìn jiàn ba.

7 今天星期几？
　Jīntiān xīngqī jǐ?

8 下个星期天你有时间吗？
　Xiàge xīngqītiān nǐ yǒu shíjiān ma?

9 我没时间。
　Wǒ méi shíjiān.

10 那现在就出发吧。
　Nà xiànzài jiù chūfā ba.

11 北京站在哪儿？
　Běijīngzhàn zài nǎr?

12 你的书包在我这儿。
Nǐ de shūbāo zài wǒ zhèr.

13 两个人都不去。
Liǎng ge rén dōu bú qù.

14 我给你五十块钱。
Wǒ gěi nǐ wǔshí kuài qián.

15 坐地铁还是坐公交车？
Zuò dìtiě háishi zuò gōngjiāochē?

16 一共多少钱？
Yígòng duōshao qián?

17 今天天气太冷了。
Jīntiān tiānqì tài lěng le.

18 听天气预报说，今天最高气温零下十度。
Tīng tiānqì yùbào shuō, jīntiān zuì gāo qìwēn língxià shí dù.

19 春天来了，天气真好!
Chūntiān lái le, tiānqì zhēn hǎo!

20 今天太冷，还是在家学习吧。
Jīntiān tài lěng, háishi zài jiā xuéxí ba.

단어색인

A

啊	a	98(06)
爱	ài	20(01)

B

爸爸	bàba	20(01)
吧	ba	76,112(05,07)
百	bǎi	140(09)
班	bān	142(09)
半	bàn	112(07)
包	bāo	127(08)
杯	bēi	129,140(08,09)
北京	Běijīng	132(08)
本	běn	141(09)
不	bù	48(03)
不错	búcuò	62(04)
不客气	búkèqi	40(02)

C

菜	cài	62(04)
茶	chá	48(03)
查	chá	154(10)
尝	cháng	159(10)
炒饭	chǎofàn	62(04)
炒面	chǎomiàn	62(04)
车	chē	126(08)
吃	chī	50,62(03,04)
出发	chūfā	126(08)
出去	chūqù	157(10)
次	cì	91(복습1)
词典	cídiǎn	159(10)

D

答应	dāying	112(07)
打算	dǎsuàn	154(10)
大	dà	98(06)
大学生	dàxuéshēng	98(06)
带	dài	140(09)
带走	dàizǒu	140(09)
蛋糕	dàngāo	140(09)
的	de	48(03)
弟弟	dìdi	145(09)
地铁	dìtiě	126(08)
第一	dìyī	91(복습1)
点	diǎn	62,112(04,07)
电影	diànyǐng	53,154(03,10)
电影院	diànyǐngyuàn	114(07)
都	dōu	20(01)
读	dú	159(10)
度	dù	154(10)
对	duì	112(07)
对不起	duìbuqǐ	40(02)
多	duō	98(06)
多少	duōshao	140(09)

E

二	èr	98(06)

E

放假	fàngjià	117(07)
飞机	fēijī	128(08)
服务员	fúwùyuán	62(04)
附近	fùjìn	126(08)

G

高	gāo	101,154(06,10)
高兴	gāoxìng	76(05)
歌	gē	90(복습1)
哥哥	gēge	79,98(05,06)
个	ge	76(05)

给	gěi	140,157(09,10)
更	gèng	169(복습2)
公交车	gōngjiāochē	128(08)
公园	gōngyuán	145(09)
工作	gōngzuò	98(06)
光临	guānglín	140(09)
逛	guàng	154(10)
贵	guì	146(09)
贵姓	guìxìng	77(05)
国	guó	76(05)
国家图书馆	Guójiā Túshūguǎn	126(08)

H

还	hái	91(복습1)
还是	háishi	140,154(09,10)
韩国	Hánguó	35,48(02,03)
韩国人	Hánguórén	76(05)
韩语	Hányǔ	65(04)
汉语	Hànyǔ	53(03)
好	hǎo	34(02)
号	hào	112(07)
好吃	hǎochī	50(03)
好喝	hǎohē	48(03)
好看	hǎokàn	50(03)
好听	hǎotīng	50(03)
喝	hē	48(03)
和	hé	62(04)
很	hěn	48(03)
花	huā	53(03)
欢迎	huānyíng	140(09)
回家	huí jiā	117(07)
火车	huǒchē	128(08)

J

几	jǐ	99,112(06,07)
家	jiā	98,140(06,09)
加	jiā	140(09)

见	jiàn	34(02)
件	jiàn	145(09)
见面	jiànmiàn	117(07)
叫	jiào	76(05)
街	jiē	154(10)
姐姐	jiějie	65(04)
介绍	jièshào	157(10)
今年	jīnnián	98(06)
今天	jīntiān	126(08)
就	jiù	126(08)
觉得	juéde	91,154(복습1,10)
决定	juédìng	169(복습2)

K

咖啡	kāfēi	103,140(06,09)
咖啡厅	kāfēitīng	140(09)
开车	kāichē	128(08)
开始	kāishǐ	129(08)
开学	kāixué	117(07)
看	kàn	39,154(02,10)
考试	kǎoshì	156(10)
可爱	kě'ài	98(06)
可是	kěshì	169(복습2)
可以	kěyǐ	112(07)
空儿	kòngr	132(08)
口	kǒu	98(06)
块	kuài	140(09)
快	kuài	154(10)

L

来	lái	34(02)
了	le	91,98,126(복습1,06,08)
累	lèi	156(10)
礼物	lǐwù	145(09)
两	liǎng	140(09)
零下	língxià	160(10)

M

妈妈	māma	20(01)
吗	ma	34(02)
买	mǎi	100(06)
卖	mài	142(09)
慢	màn	157(10)
忙	máng	143,156(09,10)
没(有)	méi(yǒu)	79,112(05,07)
没关系	méi guānxi	40(02)
美国	Měiguó	78(05)
美国人	Měiguórén	78(05)
美式咖啡	měishì kāfēi	140(09)
妹妹	mèimei	98(06)
面	miàn	67(04)
明天	míngtiān	34(02)
名字	míngzi	50,76(03,05)
茉莉花	mòlìhuā	48(03)

N

哪	nǎ/něi	76(05)
哪儿	nǎr	126(08)
那	nà	34,49(02,03)
那儿	nàr	127(08)
那天	nàtiān	112(07)
难	nán	159(10)
呢	ne	34(02)
你	nǐ	20(01)
你好	nǐ hǎo	34(02)
年级	niánjí	169(복습2)
年纪	niánjì	101(06)
女朋友	nǚpéngyou	127(08)

P

旁边儿	pángbiānr	131(08)
朋友	péngyou	76(05)
便宜	piányi	146(09)

漂亮	piàoliang	90,156(복습1,10)
苹果	píngguǒ	50(03)

Q

起床	qǐchuáng	117(07)
骑	qí	128(08)
气温	qìwēn	154(10)
钱	qián	140(09)
巧克力	qiǎokèlì	140(09)
清楚	qīngchu	154(10)
请	qǐng	91,112(복습1,07)
请问	qǐngwèn	127(08)
去	qù	35,112(02,07)
全家福	quánjiāfú	98(06)

R

然后	ránhòu	169(복습2)
热	rè	154(10)
人	rén	48(03)
认识	rènshi	76(05)
日本	Rìběn	90(복습1)

S

散步	sànbù	157(10)
商店	shāngdiàn	89(복습1)
上午	shàngwǔ	118(07)
谁	shéi	98(06)
什么	shénme	48(03)
身体	shēntǐ	67(04)
生词	shēngcí	159(10)
生日	shēngrì	112(07)
十	shí	98(06)
是	shì	48(03)
是的	shìde	76(05)
时间	shíjiān	126(08)
事儿	shìr	126(08)

手机	shǒuji	50,154(03,10)
书	shū	39(02)
书包	shūbāo	90(복습1)
水	shuǐ	131(08)
睡觉	shuìjiào	117(07)
说	shuō	131,154(08,10)
岁	suì	98(06)
所以	suǒyǐ	140(09)

T

他	tā	20(01)
他们	tāmen	20(01)
她	tā	20(01)
太	tài	154(10)
糖	táng	140(09)
天气	tiānqì	67,154(04,10)
天气预报	tiānqì yùbào	154(10)
听	tīng	50,154(03,10)
图书馆	túshūguǎn	89(복습1)

W

玩儿	wánr	117(07)
晚	wǎn	157(10)
晚饭	wǎnfàn	112(07)
味道	wèidao	62(04)
魏公村	Wèigōngcūn	126(08)
为什么	wèishénme	167(복습2)
问	wèn	159(10)
问题	wèntí	112(07)
我	wǒ	20(01)
我们	wǒmen	20(01)
五	wǔ	98(06)

X

| 喜欢 | xǐhuan | 48(03) |

下	xià	126(08)
下午	xiàwǔ	132(08)
先	xiān	169(복습2)
线	xiàn	126(08)
现在	xiànzài	115,126(07,08)
相信	xiāngxìn	25(01)
想	xiǎng	62(04)
小	xiǎo	62(04)
小朋友	xiǎopéngyou	101(06)
小说	xiǎoshuō	145(09)
小学生	xiǎoxuéshēng	169(복습2)
写	xiě	131(08)
谢谢	xièxie	40(02)
星期	xīngqī	112(07)
星期天	xīngqītiān	112(07)
行	xíng	126(08)
姓	xìng	76(05)
休息	xiūxi	157(10)
学	xué	117(07)
学习	xuéxí	131(08)
学校	xuéxiào	64(04)

Y

要	yào	140(09)
也	yě	20(01)
一	yī	76,154(05,10)
衣服	yīfu	159(10)
一共	yígòng	140(09)
以后	yǐhòu	91(복습1)
已经	yǐjīng	98(06)
因为	yīnwài	143(09)
银行	yínháng	89(복습1)
英语	Yīngyǔ	117(07)
一起	yìqǐ	126(08)
一直	yìzhí	132(08)
用	yòng	131,154(08,10)
有	yǒu	76(05)
约	yuē	169(복습2)

月	yuè	112(07)

Z

再	zài	34(02)
再见	zàijiàn	34(02)
在	zài	91,126(복습1,08)
咱们	zánmen	154(10)
怎么	zěnme	126(08)
怎么样	zěnmeyàng	62(04)
站	zhàn	126(08)
这	zhè/zhèi	48(03)
这儿	zhèr	127,140(08,09)
真	zhēn	98(06)
正好	zhènghǎo	112(07)
知道	zhīdào	160(10)
中国	Zhōngguó	35,48(02,03)
中国人	Zhōngguórén	48(03)
中文系	zhōngwénxì	169(복습2)
周末	zhōumò	91(복습1)
字	zì	131(08)
自行车	zìxíngchē	128(08)
走	zǒu	100(06)
最	zuì	154(10)
最后	zuìhòu	169(복습2)
最近	zuìjìn	154(10)
坐	zuò	126(08)
做	zuò	128(08)

알아두기

중국어란?

한국과 일본에서는 중국어를 '중국어'라고 하지만, 중국에서는 중국어를 '한족의 언어'라는 의미로 '한어(汉语)'라고 하며, 표준중국어는 '보통화(普通话)'라고 한다. 보통화는 베이징北京의 소리 체계를 기본으로 하고, 북방방언北方方言을 기초로 하며, 모범적인 현대 백화문白话文으로 이루어진 작품을 문법의 규범으로 삼는 언어를 가리킨다. 보통화는 베이징의 소리 체계를 기본으로 하고 있지만 베이징의 말과 완벽하게 같은 것은 아니다. 또한 보통화는 구어와 문언문의 차이가 있다. 타이완台湾에서는 표준중국어를 '국어(国语)'라고 하고, 싱가포르에서는 '화어(华语)'라고 한다.

간체자란?

'간체자(Simplified Chinese character, 简体字)'는 현대 중국어의 표준화된 표기 수단으로, 번체자繁体字와 상대되는 말이며 번체자의 획수를 줄여서 쓰기 편리하게 만든 글자이다. 간체자는 1950년 이후 중국에서 쓰이기 시작한 간화자简化字로 구성되었다. 지금은 중국, 말레이시아, 싱가포르 및 동남아 일대의 화교들이 사용하고 있다. 중국 정부가 1956년 515자의 간화자를 발표한 후 현재는 모두 2236자가 중국에서 사용되고 있다.

한어병음이란?

'한어병음(Chinese phonetic alphabets, Chinese Pinyin, 汉语拼音)'은 표준 중국어인 보통화의 소리를 표기한 것이다. 로마자 기호에 성조 기호를 더하여 표시하지만, 영어의 소리와는 다르다. 1958년 한어병음방안汉语拼音方案에 따라 한자음을 표기하게 되었다.

음절 구조

중국어의 음절은 성조, 성모, 운모로 구성되어 있다. 한국어는 음절이 자음과 모음으로 구성되어 있으므로 음절 구조에서 한국어와 중국어는 차이가 있다.

성조

성조(声调, shēngdiào)는 소리의 음높이를 말하는데 중국어는 성모나 운모뿐만 아니라 성조로도 의미를 구별한다. 즉, 하나의 단어가 성모와 운모가 같고 성조가 다르면 다른 의미를 나타낸다. 중국어는 글자마다 고유한 자신의 성조를 가지고 있으며, 총 4개의 성조와 경성이 있다. 중국어의 성조를 개략적으로 나타내면 높은 수평조(1성), 낮은 수평조(3성), 오름조(2성), 내림조(4성)로 마치 모래시계와 같은 모양이다.

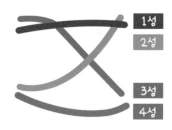

1. 성조의 종류

1) 1성

높고 평평한 소리이다. 시작과 끝의 음높이가 유사해야 하고 끝의 음높이가 낮아져서는 안 된다.

예 tāng 汤 명 국, 탕

2) 2성

조금 높은 곳에서 시작하여 더 높은 곳까지 높아지는 소리이다. 끝이 높아야 3성과 혼동하지 않을 수 있다.

예 táng 糖 명 설탕, 사탕

3) 3성

조금 낮은 곳에서 시작하여 더 낮은 곳까지 내려갔다가 조금 올라가는 소리이다. 3성 글자를 단독으로 소리 낼 때는 성조 부호의 모양처럼 올라가지만 다른 글자와 연결될 경우 주로 낮은 소리를 낸다.

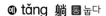 예 tǎng 躺 동 눕다

4) 4성

높은 곳에서 시작하여 낮은 곳으로 떨어지는 소리이다. 네 종류의 성조 중 최고점이 가장 높으며, 빠르고 강하게 아래로 떨어지는 소리이다. 아래로 가파르게 떨어져야 3성과 혼동하지 않는다.

예 tàng 趟 명 회, 번

5) 경성

중국어의 일부 글자, 혹은 글자와 글자가 연결될 때 가볍고 짧게 소리 내는 경우가 있는데 이를 경성이라고 한다. 경성은 다음의 두 종류가 있다.

① 음높이가 앞 글자의 성조보다 낮은 것

높은 음높이인 1성, 2성, 4성 뒤에 오는 경성은 앞 성조보다 음높이가 낮다.

예 māma 妈妈 명 엄마
　 yéye 爷爷 명 할아버지
　 bàba 爸爸 명 아버지

② 음높이가 앞 글자의 성조보다 높은 것

낮은 음높이인 3성 뒤에 오는 경성은 앞 성조보다 음높이가 높다.

예 lǎolao 姥姥 명 외할머니

2. 성조의 음높이 변화

1) 3성 변화

3성이 두 개 이상 연이어 나올 경우 기존의 음높이에서 변화가 발생한다.

① 3성이 두 개 연이어 나올 경우, 앞의 3성은 2성으로 변화한다. 하지만 한어병음의 표기를 바꾸지는 않는다.

② 3성이 세 개 이상 연이어 나올 경우, 음절 구조에 따라 성조가 변화한다. 하지만 한어병음의 표기를 바꾸지는 않는다.

$$\mathbf{V} + \mathbf{V} + \mathbf{V} \quad \Rightarrow \quad \mathbf{V} + / + \mathbf{V}$$
$$/ + / + \mathbf{V}$$

예 买手表 mǎi shǒubiǎo	➡	买 + 手表 mǎi shóubiǎo
展览馆 zhǎnlǎnguǎn	➡	展览 + 馆 zhánlánguǎn
我很好 Wǒ hěn hǎo	➡	我 + 很 + 好 Wǒ hén hǎo
我也好 Wǒ yě hǎo	➡	我 + 也 + 好 Wó yé hǎo
3 + 3 + 3 + 3	➡	2 + 3 + 2 + 3 3 + 2 + 2 + 3
小手小脚 xiǎo shǒu xiǎo jiǎo	➡	小手 + 小脚 xiáo shǒu + xiáo jiǎo
狗比马好 gǒu bǐ mǎ hǎo	➡	狗 + 比 + 马 + 好 góu bǐ má hǎo gǒu bí má hǎo

2) 不 성조 변화

MP3 y01-03

부정부사 不 bù는 원래 4성이지만 뒤에 4성이 올 경우, 2성으로 변화한다.

$$\text{不} + \diagdown \;\; \circ \;\; \text{不} + \diagdown$$

예 | 不是 | ➡ | 不是
| bù shì | | bú shì

不去 | ➡ | 不去
bù qù | | bú qù

不对 | ➡ | 不对
bù duì | | bú duì

不大 | ➡ | 不大
bù dà | | bú dà

3) 一 성조 변화

MP3 y01-04

숫자 一 yī는 원래 1성이지만 상황에 따라 2성 또는 4성으로 성조가 변화한다.

① yī로 발음하는 경우

단독의 숫자일 때
서수일 때 　　　➡　　 ━
문장 끝에 위치할 때

예 一、二、三、四!
Yī、èr、sān、sì!

第一课
Dì yī kè

这是我最喜欢的书之一。
Zhè shì wǒ zuì xǐhuan de shū zhī yī.

② yí로 발음하는 경우

뒤에 4성이 올 경우 2성으로 변화한다.

⑩ 一共   ➔   一共
    yīgòng   yígòng

    一束花   ➔   一束花
    yī shù huā   yí shù huā

    一大早   ➔   一大早
    yīdàzǎo   yídàzǎo

③ yì로 발음하는 경우

뒤에 1, 2, 3성이 올 경우 4성으로 변화한다.

⑩ 一般   ➔   一般
    yībān   yìbān

    一直   ➔   一直
    yīzhí   yìzhí

    一起   ➔   一起
    yīqǐ   yìqǐ

    一本书   ➔   一本书
    yī běn shū   yì běn shū

성모

'성모(声母, shēngmǔ)'는 우리말의 자음에 해당하는 것으로 총 21개가 있다. 성모는 단독으로 소리 낼 수 없고 운모와 함께 결합해야만 소리를 낼 수 있는데, 이때 결합하는 모음을 호독음(呼读音)이라고 한다.

성모					호독음
b	p	m	f		o
d	t	n	l		e
zh	ch	sh	r	**+**	-i
z	c	s			-i
j	q	x			i
g	k	h			e

1) 입술소리(순음)

🎧 MP3 y01-05

b

아래 위 입술을 붙이고 입안의 공기를 완전히 막은 후 입술을 떼면서 소리를 낸다. 한국어 소리의 'ㅃ'에 가깝다.

예 bō 波   bái 白   bǎn 版   bàng 棒

p

아래 위 입술을 붙이고 입안의 공기를 완전히 막은 후 입술을 떼면서 공기를 밖으로 강하게 뿜어내며 소리를 낸다. 한국어 소리의 'ㅍ'에 가깝다.

예 pō 颇   péi 陪   pǎo 跑   pàng 胖

m

아래 위 입술을 붙이고 입안의 공기를 완전히 막은 후 코로 공기가 통하게 하여 소리를 낸다. 한국어 소리의 'ㅁ'에 가깝다.

예 mō 摸   mén 门   mǒu 某   mào 帽

f

아랫입술 안쪽에 윗니를 대고 그 사이로 공기를 약하게 내보내면서 소리를 낸다. 한국어에는 없는 소리이고 영어의 'f'에 가깝다.

예 fó 佛   féi 肥   fěn 粉   fàn 饭

2) 윗니 뒤 소리(치조음)

d

혀의 앞부분을 윗니 뒤의 평평한 부분에 대고 공기를 막은 후 혀를 떼면서 소리를 낸다. 한국어 소리의 'ㄸ'에 가깝다.

예 de 的   dá 达   děng 等   dà 大

t

혀의 앞부분을 윗니 뒤의 평평한 부분에 대고 공기를 막은 후 혀를 떼면서 공기를 강하게 밖으로 뿜어내며 소리를 낸다. 한국어 소리의 'ㅌ'에 가깝다.

예 tè 特   téng 疼   tǎng 躺   tài 太

n

혀의 앞부분을 윗니 뒤의 평평한 부분에 대고 공기를 막은 후 코로 공기가 통하게 하여 혀를 떼면서 소리를 낸다. 한국어 소리의 'ㄴ'에 가깝다.

예 ne 呢   nín 您   nǎ 哪   nào 闹

l

혀에 힘을 주고 혀끝을 윗니 뒷부분에 대고 공기를 혀의 양 옆으로 내보내며 혀를 떼면서 소리를 낸다. 한국어 소리 중 초성의 'ㄹ'에 가깝다.

예 lè 乐   lái 来   lǐ 里   lù 路

3) 혀끝을 올리는 소리(권설음)

zh

윗니의 평평한 부분 뒤의 꺾이는 곳 혹은 그 뒤에 혀끝을 들어 올려서 살짝 대고 혀에 힘을 주면서 그 사이의 틈으로 'ㅈ' 소리를 낸다. 한국어에 없는 소리이다.

예 zhī 知   zhé 哲   zhǎo 找   zhèng 正

ch

윗니의 평평한 부분 뒤의 꺾이는 곳 혹은 그 뒤에 혀끝을 들어 올려서 살짝 대고 혀에 힘을 주다가 그 사이의 틈으로 공기를 강하게 내보내며 'ㅊ' 소리를 낸다. 한국어에 없는 소리이다.

예 chī 吃   chá 茶   chǎng 场   chù 处

sh

윗니의 평평한 부분 뒤의 꺾이는 곳 혹은 그 뒤에 혀끝을 들어 올려서 살짝 대고 혀에 힘을 주다가 그 사이의 틈으로 공기를 내보내며 마찰하듯이 'ㅅ' 소리를 낸다. 한국어에 없는 소리이다.

예 shī 失   shí 时   shuǐ 水   shàng 上

r

윗니의 평평한 부분 뒤의 꺾이는 곳 혹은 그 뒤에 혀끝을 들어 올려서 살짝 대고 혀에 힘을 주다가 그 사이의 틈으로 공기를 내보내며 'ㄹ' 소리를 낸다. 영어의 'r'은 소리 낼 때 두 입술을 둥글게 만들지만 중국어는 모음에 따라 입술 모양이 달라진다.

예 rì 日   rén 人   ruǎn 软   ràng 让

4) 윗니 소리(치조음)

🎧 MP3 y01-08

z

혀끝을 윗니 안쪽에 대고 공기를 막은 후 혀를 살짝 떼면서 소리를 낸다. 한국어에는 없는 소리이며 'ㅉ'에 비교적 가깝다.

예 zī 资   zú 族   zǎo 早   zuò 坐

c

혀끝을 윗니 안쪽에 대고 공기를 막은 후 혀를 살짝 떼면서 강하게 공기를 내보내며 소리를 낸다. 한국어에는 없는 소리이며 'ㅊ'에 비교적 가깝다.

예 cì 刺   cóng 从   cǎo 草   cuò 错

s

혀끝을 윗니와 윗니 뒤 평평한 부분의 경계에 대고 공기를 막았다가 그 틈으로 마찰하듯이 소리를 낸다. 한국어에는 없는 소리이며 'ㅆ'에 비교적 가깝다.

예 sī 思   sú 俗   suǒ 所   suì 岁

5) 딱딱한 입천장 소리(경구개음)

🎧 MP3 y01-09

j

딱딱한 입천장에 혀를 평평하게 만들어 대고 그 틈으로 소리를 낸다. 한국어 소리의 'ㅈ'와 같다.

예 jī 基   jié 节   jiǔ 九   jiàn 见

q

딱딱한 입천장에 혀를 평평하게 만들어 대고 그 틈으로 공기를 내뿜으며 소리를 낸다. 한국어 소리의 'ㅊ'와 같다.

예 qī 欺   qián 前   qǐng 请   què 却

x

딱딱한 입천장에 혀를 평평하게 만들어 대고 그 틈으로 마찰하듯이 소리를 낸다. 한국어 소리의 'ㅅ'과 같다.

예 xī 希   xué 学   xiǎng 想   xìng 姓

6) 부드러운 입천장 소리(연구개음)

MP3 y01-10

g

부드러운 입천장 부분에 혀의 뒷부분을 들어 올려 막았다가 떼면서 소리를 낸다. 한국어의 'ㄲ'과 유사하다.

⑩ gē 哥   guó 国   gěi 给   gèng 更

k

부드러운 입천장 부분에 혀의 뒷부분을 들어 올려 막았다가 떼면서 강하게 공기를 내보내며 소리를 낸다. 한국어의 'ㅋ'과 유사하다.

⑩ kē 科   káng 扛   kǎo 考   kuài 块

h

부드러운 입천장 부분에 혀의 뒷부분을 들어 올려 막았다가 떼면서 마찰하듯이 소리를 낸다. 한국어의 'ㅎ'과는 다른 소리이다.

⑩ hē 喝   hé 和   hǎo 好   huà 话

운모

'운모(韵母, yùnmǔ)'는 우리말 모음에 해당하는 것으로 총 36개가 있다. 운모는 단독으로 소리를 낼 수 있고, i, u, ü는 단독으로 출현할 경우 앞에 각각 자음 y, w, y를 동반한다.

단운모	복운모			
a	ai	ao	an	ang
o	ou	ong		
e	ei	en	eng	
er				
i	ia (ya)	ie (ye)	iao (yao)	i(o)u (you)
	ian (yan)	iang (yang)	iong (yong)	
	in (yin)	ing (ying)		
u	ua (wa)	uo (wo)		
	uai (wai)	uan (wan)	uang (wang)	
	u(e)i (wei)	u(e)n (wen)	ueng (weng)	
ü	üe (yue)	üan (yuan)	ün (yun)	

1) 단운모

MP3 y01-11

a

입을 크게 벌리고 혀의 높이를 낮추며 한국어의 '아'와 유사한 소리를 낸다. 하지만 중국어 '아'는 한국어의 '아'보다 1/3 정도 더 크게 입을 벌려야 한다.

예 ā 啊   má 麻   dǎ 打   là 辣

o

입을 중간 정도 벌리고 '우' 소리에서 시작하여 '오' 소리로 끝난다. 이때 '오'는 한국어의 '오'보다 입이 좀 더 벌어져서 한국어의 '어'처럼 들리기도 한다. 두 개의 음절로 소리를 내는 것이 아니라 하나의 음절로 자연스럽게 소리를 내야 한다. 단모음에 속해 있지만 정확한 소리는 단모음이 아니다.

예 ō 噢   bó 伯   mǒ 抹   pò 破

e

입을 작게 벌리고 '으' 소리에서 시작해서 '어' 소리로 끝난다. 두 개의 음절로 소리를 내는 것이 아니라 하나의 음절로 자연스럽게 소리를 내야 한다. 단모음에 속해 있지만 정확한 소리는 단모음이 아니다.

예 ē 呃   zhé 折   kě 可   tè 特

er

입을 중간 정도로 벌리고 혀끝을 입천장 쪽으로 올리며 '얼'과 유사한 소리를 낸다. 이때 혀끝이 입천장에 닿지 않도록 해야 한다. èr은 혀의 위치가 좀 더 낮아져서 마치 'ar'처럼 발음되기도 한다.

예 ér 而   ér 儿   ěr 耳   èr 二

i

한국어의 '이'와 유사한 소리이다.

예 yī 一   lí 离   nǐ 你   jì 记

-i

한국어의 '으'와 유사한 소리로 권설음을 발음할 때 자연스럽게 나오는 소리이다.

예 zhī 知   chí 迟   shǐ 使   rì 日

한국어의 '으'와 유사한 소리로 치조음을 발음할 때 자연스럽게 나오는 소리이다.

예 zī 咨   cí 词   sǐ 死   sì 四

u

한국어의 '우'와 유사한 소리지만 한국어의 '우'보다 입안의 공간이 더 넓다.

예 wū 乌   dú 读   gǔ 古   zhù 住

ü

한국어의 '위'와 유사한 소리지만 한국어는 '위'를 처음에 입술을 둥글게 하였다가 나중에 입술을 평평하게 만들어 '위이'라고 발음하는 반면 중국어는 끝까지 입술을 둥글게 유지하여 '위'로 발음한다.

⑩ yū 淤　　lǘ 驴　　nǚ 女　　qù 去

2) 복운모(다중운모)

🎧 MP3 y01-12

ai

입을 크게 벌리고 '아' 소리에서 시작해서 '이' 소리로 끝낸다. 이때 두 개의 음절로 소리 내는 것이 아니라 하나의 음절로 자연스럽게 연결하는데 '아'는 2/3의 길이, '이'는 1/3의 길이로 소리를 낸다.

⑩ kāi 开　　bái 白　　cǎi 踩　　shài 晒

ao

입을 크게 벌리고 '아'에서 시작하여 '오'로 끝내는데 '오'는 한국어보다 입을 좀 더 크게 벌린다. 이때 두 개의 음절로 소리 내는 것이 아니라 하나의 음절로 자연스럽게 연결하는데 '아'는 2/3의 길이, '오'는 1/3의 길이로 소리를 낸다.

⑩ gāo 高　　sháo 勺　　hǎo 好　　dào 到

an

입을 크게 벌리고 '안'이라고 소리를 낸다. 이때 '아'는 2/3의 길이, 'ㄴ'은 1/3의 길이로 '안ㄴ-'으로 길게 발음하지 않도록 주의한다.

⑩ cān 参　　tán 谈　　gǎn 感　　zhàn 站

ang

입을 크게 벌리고 '앙'이라고 소리를 낸다. 이때 '아'는 2/3의 길이, 'ㅇ(ng)'은 1/3의 길이로 '앙ㅇ-'으로 발음하지 않도록 주의한다.

⑩ dāng 当　　páng 旁　　lǎng 朗　　shàng 上

🎧 MP3 y01-13

ou

한국어의 '오'보다 입을 좀 더 벌린 상태로 '오우'라고 소리를 낸다. 이때 '오'는 2/3의 길이, '우'는 1/3의 길이로 소리를 낸다.

⑩ dōu 都　　lóu 喽　　shǒu 手　　còu 凑

ong

한국어의 '오'보다 입을 좀 더 벌린 상태로 '옹'이라고 소리 낸다. 이때 '오'는 2/3 길이, 종성 'ㅇ(ng)'은 1/3의 길이로 '옹ㅇ-'으로 발음하지 않도록 주의한다. ong은 단독으로 음절을 구성할 수 없고 항상 성모와 결합하여 쓴다.

⑩ dōng 东　　lóng 龙　　zǒng 总　　zhòng 重

ei

‘e’는 한국어의 ‘에’와 유사한 소리로 ‘ei’는 ‘에이’로 소리를 낸다. 이때 ‘ei’는 감탄사를 제외하고 단독으로 음절을 구성할 수 없고 항상 성모와 결합하여 쓴다.

예 bēi 悲　　léi 雷　　gěi 给　　lèi 累

en

‘e’는 한국어의 ‘어’와 유사한 소리로 ‘en’은 ‘언’으로 소리를 낸다. 이때 ‘어’는 2/3 길이를, ‘ㄴ(n)’은 1/3의 길이를 주며 ‘언ㄴ─’으로 발음하지 않도록 주의한다.

예 gēn 跟　　hén 痕　　kěn 肯　　hèn 恨

eng

‘e’는 한국어의 ‘어’와 유사한 소리로 ‘ng’는 종성 ‘ㅇ’으로 ‘엉’과 유사한 소리이다. 이때 ‘어’는 2/3 길이를, 종성 ‘ㅇ(ng)’은 1/3의 길이를 주며 ‘엉ㅇ─’으로 발음하지 않도록 주의한다.

예 dēng 灯　　méng 盟　　lěng 冷　　shèng 盛

🎧 MP3 y01-14

ia (ya)

‘이아’와 유사한 소리로 하나의 음절로 자연스럽게 연결해서 소리를 낸다. 이때 ‘이’는 1/3의 길이, ‘아’는 2/3의 길이로 소리를 낸다. ia가 성모와 결합하지 않고 단독으로 쓰일 때는 ya로 표기한다.

예 jiā 家　　yá 牙　　liǎ 俩　　xià 下

ie (ye)

‘이에’와 유사한 소리로 하나의 음절로 자연스럽게 연결해서 소리를 낸다. 이때 ‘이’는 1/3의 길이, ‘에’는 2/3의 길이로 소리를 낸다.

예 xiē 些　　jié 节　　qiě 且　　liè 烈

iao (yao)

‘이아오’와 유사한 소리로 하나의 음절로 자연스럽게 연결해서 소리를 낸다. 이때 ‘이’는 1/4, ‘아’는 2/4, ‘오’는 1/4의 길이로 소리를 낸다.

예 jiāo 交　　miáo 苗　　xiǎo 小　　yào 要

i(o)u (you)

‘이오우’와 유사한 소리로 하나의 음절로 자연스럽게 연결해서 소리를 낸다. 이때 ‘이’는 1/4, ‘오’는 2/4, ‘우’는 1/4의 길이로 소리를 낸다. ‘오’는 한국어보다 입을 좀 더 크게 벌린다. 소리는 ‘이오우’이지만 한어병음 표기는 ‘iu’이고, ‘you’일 때는 성조를 ‘o’에 표기한다.

예 diū 丢　　liú 留　　jiǔ 久　　yòu 又

ian
(yan)

'이앤'과 유사한 소리로 하나의 음절로 자연스럽게 연결해서 소리를 낸다. 이때 '이'는 1/4, '애'는 2/4, 'ㄴ'은 1/4의 길이로 소리를 낸다. 'ɑ'가 '아' 발음이 아니라 '애' 발음이라는 것에 유의해야 한다.

> 例 biān 边　　lián 连　　yǎn 眼　　miàn 面

iang
(yang)

'이앙'과 유사한 소리로 하나의 음절로 자연스럽게 연결해서 소리를 낸다. 이때 '이'는 1/4, '아'는 2/4, 종성 'ㅇ(ng)'은 1/4의 길이로 소리를 낸다.

> 例 jiāng 江　　qiáng 强　　liǎng 两　　yàng 样

iong
(yong)

'이옹'과 유사한 소리로 하나의 음절로 자연스럽게 연결해서 소리를 낸다. 이때 '이'는 1/4, '오'는 2/4, 종성 'ㅇ(ng)'은 1/4의 길이로 소리를 낸다.

> 例 xiōng 兄　　qióng 穷　　jiǒng 窘　　yòng 用

in
(yin)

'인'과 유사한 소리로 하나의 음절로 자연스럽게 연결해서 소리를 낸다. 이때 '이'는 2/3, 'ㄴ(n)'은 1/3의 길이로 소리를 낸다.

> 例 xīn 新　　nín 您　　pǐn 品　　yìn 印

ing
(ying)

'잉'과 유사한 소리로 하나의 음절로 자연스럽게 연결해서 소리를 낸다. 이때 '이'는 2/3, 종성 'ㅇ(ng)'은 1/3의 길이로 소리를 낸다.

> 例 yīng 应　　líng 零　　xǐng 醒　　jìng 净

🎧 MP3 y01-15

ua
(wa)

'우아'와 유사한 소리로 하나의 음절로 자연스럽게 연결해서 소리를 낸다. 이때 '우'는 1/3, '아'는 2/3의 길이로 소리를 낸다.

> 例 shuā 刷　　huá 华　　guǎ 寡　　kuà 跨

uo
(wo)

'우오'와 유사한 소리로 하나의 음절로 자연스럽게 연결해서 소리를 낸다. 이때 '오'의 입모양이 한국어 '오'보다 더 크게 벌어진다는 점에 유의해야 한다. 이때 '우'는 1/3, '오'는 2/3의 길이로 소리를 낸다.

> 例 shuō 说　　duó 夺　　zuǒ 左　　ruò 若

uai
(wai)

'우아이'와 유사한 소리로 하나의 음절로 자연스럽게 연결해서 소리를 낸다. 이때 '우'는 1/4, '아'는 2/4, '이'는 1/4의 길이로 소리를 낸다.

⑩ wāi 歪　　huái 怀　　guǎi 拐　　kuài 快

uan
(wan)

'우안'과 유사한 소리로 하나의 음절로 자연스럽게 연결해서 소리를 낸다. 이때 '우'는 1/4, '아'는 2/4, 'ㄴ(n)'은 1/4의 길이로 소리를 낸다.

⑩ duān 端　　chuán 传　　nuǎn 暖　　wàn 万

uang
(wang)

'우앙'과 유사한 소리로 하나의 음절로 자연스럽게 연결해서 소리를 낸다. 이때 '우'는 1/4, '아'는 2/4, 'ㅇ(ng)'은 1/4의 길이를 준다.

⑩ guāng 光　　wáng 王　　shuǎng 爽　　zhuàng 撞

u(e)i
(wei)

'우에이'와 유사한 소리로 하나의 음절로 자연스럽게 연결해서 소리를 낸다. 이때 '우'는 1/4, '에'는 2/4, '이'는 1/4의 길이로 소리를 낸다. 소리는 '우에이'지만 한어병음 표기는 'ui'이고 성조를 'i'에 표기하며 'wei'일 때는 성조를 'e'에 표기한다.

⑩ tuī 推　　wéi 维　　shuǐ 水　　guì 贵

u(e)n
(wen)

'우언'과 유사한 소리로 입술을 둥글게 하였다가 평평하게 만들어 하나의 음절로 자연스럽게 소리를 낸다. 이때 '우'는 1/4, '어'는 2/4, 'ㄴ(n)'은 1/4의 길이를 준다. 소리는 '우언'이지만 한어병음 표기는 'un'이고 'wen'일 때는 성조를 'e'에 표기한다.

⑩ wēn 温　　lún 轮　　zhǔn 准　　gùn 棍

ueng
(weng)

'우엉'과 유사한 소리로 입술을 둥글게 하였다가 평평하게 만들어서 하나의 음절로 소리를 낸다. 이때 '우'는 1/4, '어'는 2/4, 'ㅇ(ng)'은 1/4의 길이로 소리를 낸다.

⑩ wēng 翁　　wēng 嗡　　wěng 蓊　　wèng 蕹

🎧 MP3 y01-16

üe
(yue)

'위에'와 유사한 소리로 '위'는 입 모양을 둥글게 하고 'e'는 '에'로 소리를 낸다. 이때 '위'는 1/3, '에'는 2/3의 길이로 소리를 낸다.

⑩ quē 缺　　jué 绝　　xuě 雪　　yuè 越

üan
(yuan)

'위앤'과 유사한 소리로 '위'는 입모양을 둥글게 하고 'a'는 '애'로 자연스럽게 하나의 음절로 소리를 낸다. 이때 '위'는 1/4, '애'는 2/4, 'ㄴ(n)'은 1/4의 길이로 소리를 낸다. 'a'가 '아'가 아니라 '애'로 소리 나는 것에 유의해야 한다.

⑩ xuān 宣   quán 全   juǎn 卷   yuàn 院

ün
(yun)

'윈'과 유사한 소리로 '위'는 입 모양을 둥글게 하고 입모양이 바뀌지 않은 상태에서 'ㄴ(n)'과 함께 발음해야 한다. 이때 '위'는 2/3, 'ㄴ(n)'은 1/3의 길이를 준다.

⑩ jūn 军   qún 裙   yǔn 允   xùn 训

한어병음 표기법

1. 성조 부호 표기 방법

1) 성조 부호는 1성(ˉ), 2성(ˊ), 3성(ˇ), 4성(ˋ)으로 나타낸다.

⑩ 1성: dā 搭   2성: dá 达   3성: dǎ 打   4성: dà 大

2) 성조는 모음 위에 표기하고, 모음이 여러 개 나올 때는 입이 가장 크게 벌어지는 모음 위에 표기한다.

a 〉o, e 〉i, u

⑩ bāo 包   biǎo 表   bái 白   tóu 头   gěi 给   xióng 熊

3) ui나 iu가 있는 음절은 뒤에 있는 모음에 성조를 표기한다.

⑩ duì 对   diū 丢   guì 贵   liú 留

4) i에 성조를 표기할 경우 i 위의 점을 빼고 그 위치에 성조를 표기한다.

⑩ yī 一   tí 提   lǐ 里   dì 第

5) 경성은 성조를 표기하지 않는다.

⑩ xǐhuan 喜欢   duìbuqǐ 对不起

2. 한어병음 표기 방법

1) 알파벳 소문자로 표기한다.

    예 shì 是 ~이다   hǎo 好 좋다

2) 하나의 단어는 붙여서 표기한다.

    예 māma 妈妈 엄마   xuéxí 学习 공부하다

3) 고유명사의 첫 음절이나 문장의 첫 글자는 대문자로 표기한다.

    예 Hánguó 韩国 한국   Wǒ ài nǐ. 我爱你。 나는 너를 사랑해.

4) 이름은 성과 이름을 띄어 쓰고, 각각의 첫 음절은 대문자로 표기한다.

    예 Zhāng Lì 张丽 장리   Gāo Xiùyīng 高秀英 고수영

5) a, o, e로 시작하는 음절이 다른 음절 뒤에 바로 연결될 때, 음절의 경계를 나누기 위해 격음부호(')를 더해준다.

    예 Tiān'ānmén 天安门 천안문   nǚ'ér 女儿 딸

6) i가 단독으로 발음될 때는 앞에 y를 더한다.

    예 i ➔ yi

7) i가 운모의 앞에 나올 때는 i를 y로 바꿔 표기한다.

    예 ia ➔ ya   ie ➔ ye   iao ➔ yao
       iou ➔ you   ian ➔ yan   iang ➔ yang
       iong ➔ yong   in ➔ yin   ing ➔ ying

8) u가 단독으로 발음될 때는 앞에 w를 추가한다.

    예 u ➔ wu

9) u가 운모의 앞에 나올 때는 u를 w로 바꿔 표기한다.

    예 ua ➔ wa   uo ➔ wo   uai ➔ wai
       uan ➔ wan   uang ➔ wang   uei ➔ wei
       uen ➔ wen   ueng ➔ weng

10) ü가 단독으로 발음될 때나 ü가 운모의 맨 앞에 나올 때는 ü 앞에 y를 더하고 ü 위의 두 점을 뺀다.

    예 ü ➔ yu   üe ➔ yue   üan ➔ yuan   ün ➔ yun

11) ü나 ü로 시작하는 운모가 j, q, x와 결합하면 ü의 두 점을 뺀다.

예 j + ü ➡ ju   q + ü ➡ qu   x + ü ➡ xu

j + üe ➡ jue   q + üe ➡ que   x + üe ➡ xue

j + üan ➡ juan   q + üan ➡ quan   x + üan ➡ xuan

j + ün ➡ jun   q + ün ➡ qun   x + ün ➡ xun

12) iou, uei, uen이 성모와 결합할 때, 각각 iu, ui, un으로 쓴다.

예 m + iou ➡ miu   d + iou ➡ diu   n + iou ➡ niu   l + iou ➡ liu

j + iou ➡ jiu   q + iou ➡ qiu   x + iou ➡ xiu

d + uei ➡ dui   t + uei ➡ tui

z + uei ➡ zui   c + uei ➡ cui   s + uei ➡ sui

zh + uei ➡ zhui   ch + uei ➡ ui   sh + uei ➡ shui

d + uen ➡ dun   t + uen ➡ tun   l + uen ➡ lun

z + uen ➡ zun   c + uen ➡ cun   s + uen ➡ sun

zh + uen ➡ zhun   ch + uen ➡ chun   sh + uen ➡ shun   r + uen ➡ run

g + uen ➡ gun   k + uen ➡ kun   h + uen ➡ hun

한어병음표

	a	o	e	-i	i	u	ü	er	ai	ei	ao	ou	ia	ie	iao	iou (iu)	ua	uo	uai	uei (ui)
b	ba	bo			bi	bu			bai	bei	bao			bie	biao					
p	pa	po			pi	pu			pai	pei	pao	pou		pie	piao					
m	ma	mo	me		mi	mu			mai	mei	mao	mou		mie	miao	miu				
f	fa	fo				fu				fei		fou								
d	da		de		di	du			dai	dei	dao	dou		die	diao	diu		duo		dui
t	ta		te		ti	tu			tai		tao	tou		tie	tiao			tuo		tui
n	na		ne		ni	nu	nü		nai	nei	nao	nou		nie	niao	niu		nuo		
l	la		le		li	lu	lü		lai	lei	lao	lou	lia	lie	liao	liu		luo		
g	ga		ge			gu			gai	gei	gao	gou					gua	guo	guai	gui
k	ka		ke			ku			kai	kei	kao	kou					kua	kuo	kuai	kui
h	ha		he			hu			hai	hei	hao	hou					hua	huo	huai	hui
j					ji		ju						jia	jie	jiao	jiu				
q					qi		qu						qia	qie	qiao	qiu				
x					xi		xu						xia	xie	xiao	xiu				
zh	zha		zhe	zhi		zhu			zhai	zhei	zhao	zhou					zhua	zhuo	zhuai	zhui
ch	cha		che	chi		chu			chai		chao	chou					chua	chuo	chuai	chui
sh	sha		she	shi		shu			shai	shei	shao	shou					shua	shuo	shuai	shui
r			re	ri		ru					rao	rou					rua	ruo		rui
z	za		ze	zi		zu			zai	zei	zao	zou						zuo		zui
c	ca		ce	ci		cu			cai		cao	cou						cuo		cui
s	sa		se	si		su			sai		sao	sou						suo		sui
	a	o	e		yi	wu	yu	er	ai	ei	ao	ou	ya	ye	yao	you	wa	wo	wai	wei

	an	en	ang	eng	ong	ian	in	iang	ing	iong	uan	uen (un)	uang	ueng	üe	üan	ün
b	ban	ben	bang	beng		bian	bin		bing								
p	pan	pen	pang	peng		pian	pin		ping								
m	man	men	mang	meng		mian	min		ming								
f	fan	fen	fang	feng													
d	dan	den	dang	deng	dong	dian			ding		duan	dun					
t	tan		tang	teng	tong	tian			ting		tuan	tun					
n	nan	nen	nang	neng	nong	nian	nin	niang	ning		nuan				nüe		
l	lan		lang	leng	long	lian	lin	liang	ling		luan	lun			lüe		
g	gan	gen	gang	geng	gong						guan	gun	guang				
k	kan	ken	kang	keng	kong						kuan	kun	kuang				
h	han	hen	hang	heng	hong						huan	hun	huang				
j						jian	jin	jiang	jing	jiong					jue	juan	jun
q						qian	qin	qiang	qing	qiong					que	quan	qun
x						xian	xin	xiang	xing	xiong					xue	xuan	xun
zh	zhan	zhen	zhang	zheng	zhong						zhuan	zhun	zhuang				
ch	chan	chen	chang	cheng	chong						chuan	chun	chuang				
sh	shan	shen	shang	sheng							shuan	shun	shuang				
r	ran	ren	rang	reng	rong						ruan	run					
z	zan	zen	zang	zeng	zong						zuan	zun					
c	can	cen	cang	ceng	cong						cuan	cun					
s	san	sen	sang	seng	song						suan	sun					
	an	en	ang	eng		yan	yin	yang	ying	yong	wan	wen	wang	weng	yue	yuan	yun

MEMO

THE GOD OF CHINESE

중국어의신

워크북

홀수

STEP 1

중국어뱅크 | 한국인의 한국인에 의한 한국인을 위한 중국어 회화 시리즈

THE GOD OF CHINESE

중국어의 신

워크북

홀수

STEP 1

동양북스

01 | 我爱你

1. 다음 한어병음을 발음해 보세요.   🎧 MP3 w01-01

 (1) bā   (2) pā   (3) mā   (4) fā

 (5) ā   (6) è   (7) āo   (8) ōu

 (9) yī   (10) yí   (11) yǐ   (12) yì

2. 다음 단어를 중국어로 말해 보세요.

 (1) 아빠

 (2) ~도, 또한

 (3) 믿다

 (4) 모두

3. 다음 문장을 소리 내어 읽고, 부사 也나 都를 알맞은 위치에 넣어 바꾸어 말해 보세요.

 (1) 他爱我。

 (2) 她们相信您。

 (3) 妈妈相信他。

 (4) 他相信爸爸。

4. 다음 문장을 중국어로 바꾸어 말해 보세요.

(1) 엄마는 나를 사랑해요.

(2) 우리도 당신을 믿어요.

(3) 그 사람은 우리들을 믿어요.

(4) 우리 모두 아빠를 사랑해요.

5. 다음 문장의 밑줄 친 부분을 제시된 중국어로 바꾸어 말해 보세요.

(1) 我爱你。

제시어 ▶ ① 妈妈　　② 爸爸　　③ 친구 이름

(2) 爸爸相信妈妈。

제시어 ▶ ① 我　　② 你　　③ 他

(3) 爸爸、妈妈都爱你。

제시어 ▶ ① 我们　　② 他们　　③ 她们

(4) 妈妈爱你。

제시어 ▶ ① 相信　　② 也爱　　③ 也相信

写 쓰기

1. 다음 단어를 바르게 써 보세요.

				我 我 我 我 我 我 我
我 wǒ	我 wǒ			

				你 你 你 你 你 你 你
你 nǐ	你 nǐ			

				您 您 您 您 您 您 您 您 您 您
您 nín	您 nín			

				他 他 他 他 他
他 tā	他 tā			

				她 她 她 她 她 她
她 tā	她 tā			

2. 다음 단어의 중국어와 한어병음을 쓰세요.

(1) 엄마　　　 **C**_____ **P**_____

(2) 믿다　　　 **C**_____ **P**_____

(3) 사랑하다　 **C**_____ **P**_____

(4) 그녀들　　 **C**_____ **P**_____

3. 다음 빈칸에 알맞은 단어를 쓰세요.

(1) 他们_____相信我。
　　　　dōu

(2) _____爱你们。
　　bàba

(3) 我_____相信她。
　　　yě

(4) 我爱_____。
　　　　māma

4. 다음 제시된 중국어를 재배열하여 문장을 완성하세요.

(1) 爱 / 我 / 你　　　　　　　▶_____

(2) 她 / 都 / 爱 / 我们　　　　▶_____

(3) 也 / 我 / 爸爸 / 爱　　　　▶_____

(4) 你 / 相信 / 都 / 他们　　　▶_____

5. 다음 문장을 중국어로 바꾸어 쓰세요.

(1) 나는 그녀를 사랑해.　　　ⓒ_____

(2) 그녀도 나를 사랑해.　　　ⓒ_____

(3) 엄마는 너희를 믿어.　　　ⓒ_____

(4) 아빠, 엄마는 모두 너를 믿어. ⓒ_____

读 읽기

1. 다음 문장을 소리 내어 읽어 보세요.　　　　　　　　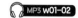 MP3 w01-02

爷爷和姥姥
Yéye hé lǎolao

爷爷是爸爸的爸爸，姥姥是妈妈的妈妈，
Yéye shì bàba de bàba, lǎolao shì māma de māma,

爸爸和妈妈都爱爸爸的爸爸和妈妈的妈妈。
bàba hé māma dōu ài bàba de bàba hé māma de māma.

> **해석**
>
> 할아버지와 외할머니
>
> 할아버지는 아빠의 아빠이고, 외할머니는 엄마의 엄마이다.
> 아빠와 엄마는 모두 아빠의 아빠와 엄마의 엄마를 사랑한다.

2. 다음 단어의 뜻을 쓰세요.

(1) 爱　　Ⓚ_____　　　(2) 相信　Ⓚ_____

(3) 爸爸　Ⓚ_____　　　(4) 我们　Ⓚ_____

3. 제시된 단어의 알맞은 위치를 고르세요.

(1) 爱　　　Ⓐ 我们 Ⓑ 都 Ⓒ 他们 Ⓓ 。

(2) 也　　　Ⓐ 我 Ⓑ 爱 Ⓒ 你们 Ⓓ 。

(3) 都　　　Ⓐ 我们 Ⓑ 相信 Ⓒ 你 Ⓓ 。

(4) 相信　　Ⓐ 爸爸、妈妈 Ⓑ 也 Ⓒ 他 Ⓓ 。

4. 다음 문장이 맞으면 ○, 틀리면 X를 표시하세요.

  (1) 他我爱。　　　　　(　　)

  (2) 我也相信她。　　　(　　)

  (3) 他们都相信你。　　(　　)

  (4) 妈妈都爱你。　　　(　　)

5. 다음 중국어 문장을 해석해 보세요.

  (1) 妈妈爱我。　　　K_____

  (2) 他也爱你们。　　K_____

  (3) 爸爸也相信您。　K_____

  (4) 他们都相信我。　K_____

听 듣기

1. 발음의 차이에 주의하며 녹음을 들어 보세요.

MP3 w01-03

(1) bō pō   (2) tà dà   (3) sì shì   (4) lù nù

(5) kǔ kě   (6) mā mō   (7) zú zé   (8) fǎ fǔ

(9) hē hé   (10) lú lǚ   (11) chā chà   (12) wǔ wù

2. 녹음을 듣고 주어진 단어의 올바른 발음을 고르세요.

MP3 w01-04

(1) 爱 ài ǎi   (2) 我们 wǒmen wōmen

(3) 您 nǐn nín   (4) 相信 xiāngxin xiāngxìn

3. 녹음을 듣고 빈칸에 알맞은 한어병음을 받아쓰세요.

MP3 w01-05

妈妈骑马，马慢，妈妈骂马。

_____ qí _____ , _____màn, _____.

4. 녹음을 듣고 내용과 일치하는 그림을 고르세요. 🎧 MP3 **w01-06**

Ⓐ Ⓑ Ⓒ Ⓓ

(1) ＿＿＿＿＿＿＿＿　(2) ＿＿＿＿＿＿＿＿　(3) ＿＿＿＿＿＿＿＿　(4) ＿＿＿＿＿＿＿＿

5. 녹음을 듣고 빈칸에 알맞은 단어를 받아쓰세요. 🎧 MP3 **w01-07**

(1) ＿＿＿＿＿＿＿＿＿爱爸爸。

(2) 他们都＿＿＿＿＿＿＿＿你。

(3) ＿＿＿＿＿＿＿＿都爱爸爸。

(4) 妈妈爱你，爸爸＿＿＿＿＿＿＿爱你。

03 | 这是什么茶？

说 말하기

1. 다음 한어병음을 발음해 보세요.

MP3 w03-01

(1) zhì　　　　(2) chì　　　　(3) shì　　　　(4) rì

(5) jiá　　　　(6) jié　　　　(7) jiǔ　　　　(8) jiǎn

(9) tāng　　　(10) táng　　　(11) tǎng　　　(12) tàng

2. 다음 단어를 중국어로 말해 보세요.

(1) 중국　　　　　　　　　　(2) 차

(3) 책　　　　　　　　　　　(4) 모두

3. 다음 문장을 중국어로 말해 보세요.

(1) 이것은 무엇인가요?　　　　(2) 저것도 책인가요?

(3) 저것은 중국어 책이 아닙니다.　　(4) 이것은 차입니다.

4. 다음 질문에 어울리는 대답을 중국어로 말해 보세요.

(1) 那是什么?　　　　　　　(2) 这也是茶吗?　　水 shuǐ 명 물

(3) 那是他的书吗?　　　　　(4) 这是你的手机吗?

5. 다음 대화의 밑줄 친 부분을 제시된 중국어로 바꾸어 말해 보세요.

(1) A : 这是什么?
　　B : 这是<u>中国的茶</u>。

> 제시어 ▶ ① 手机　　　② 书　　　③ 水　　　④ 苹果

(2) A : 你看什么?
　　B : 我看<u>书</u>。

> 제시어 ▶ ① 电影　　　② 汉语书　　　③ 花　　　④ 手机

(3) A : 这是他的书吗?
　　B : 这不是<u>他的书</u>，是<u>我的</u>。

> 제시어 ▶ ① 韩国的茶 / 中国的
> 　　　　 ② 韩国的 / 中国的
> 　　　　 ③ 中国电影 / 韩国电影
> 　　　　 ④ 妈妈的 / 爸爸的

(4) A : <u>好听</u>吗?
　　B : <u>很好听</u>。

> 제시어 ▶ ① 好看 / 很好看　　　② 好喝 / 很好喝
> 　　　　 ③ 好吃 / 不好吃　　　④ 贵* / 不贵

🔑 贵 guì 혱 (값이) 비싸다

写 쓰기

1. 다음 단어를 바르게 써 보세요.

		这 这 这 这 这 这 这
这 zhè	这 zhè	

		那 那 那 那 那 那
那 nà	那 nà	

		茶 茶 茶 茶 茶 茶 茶 茶 茶
茶 chá	茶 chá	

		是 是 是 是 是 是 是 是 是
是 shì	是 shì	

		喝 喝 喝 喝 喝 喝 喝 喝 喝 喝 喝 喝
喝 hē	喝 hē	

2. 다음 단어의 중국어와 한어병음을 쓰세요.

(1) 중국   ⓒ_____ ⓟ_____

(2) 맛있다   ⓒ_____ ⓟ_____

(3) 중국어   ⓒ_____ ⓟ_____

(4) 재스민   ⓒ_____ ⓟ_____

3. 다음 빈칸에 알맞은 단어를 쓰세요.

(1) 这是_____shénme_____？

(2) 这是你的书_____ma_____？

(3) 他是中国_____xuésheng_____。

(4) 中国人_____xǐhuan_____喝茶。

4. 다음 제시된 중국어를 재배열하여 문장을 완성하세요.

(1) 是 / 书 / 什么 / 这　　　　▶_____

(2) 学生 / 是 / 吗 / 她　　　　▶_____

(3) 我 / 是 / 书 / 的 / 这　　　▶_____

(4) 茉莉花茶 / 都 / 喝 / 他们 / 喜欢　▶_____

5. 다음 문장을 중국어로 바꾸어 쓰세요.

(1) 이것은 네 것이니? 　　　　ⓒ_____

(2) 한국 사과는 맛있니? 　　　　ⓒ_____

(3) 나는 영화 보는 것을 좋아해. 　ⓒ_____

(4) 나는 학교에 가지 않고 도서관에 가. ⓒ_____

03 | 这是什么茶?

1. 다음 문장을 소리 내어 읽어 보세요.

树上有只猴
Shù shàng yǒu zhī hóu

树上有只猴，树下有头牛，
Shù shàng yǒu zhī hóu, shù xià yǒu tóu niú,

树上的猴想斗牛，树下的牛想耍猴，
shù shàng de hóu xiǎng dòu niú, shù xià de niú xiǎng shuǎ hóu,

猴跳下树骑着牛，牛驮着猴奔山头。
hóu tiàoxià shù qízhe niú, niú tuózhe hóu bēn shāntóu.

> **해석**
>
> 나무 위의 원숭이
>
> 나무 위에는 원숭이 한 마리가 있고, 나무 아래에는 소 한 마리가 있다.
> 나무 위의 원숭이는 투우놀이를 하고 싶고, 나무 아래의 소는 원숭이가 재주 부리게 하고 싶다.
> 원숭이는 나무에서 뛰어내려와 소 등에 올라타고, 소는 원숭이를 등에 업고 산꼭대기로 내달린다.

2. 다음 단어의 뜻을 쓰세요.

(1) 好看　**K**＿＿＿＿＿＿＿＿＿　(2) 书　**K**＿＿＿＿＿＿＿＿＿

(3) 好喝　**K**＿＿＿＿＿＿＿＿＿　(4) 学生　**K**＿＿＿＿＿＿＿＿＿

3. 빈칸에 들어갈 알맞은 단어를 보기에서 고르세요.

보기

Ⓐ 喜欢　Ⓑ 也　Ⓒ 什么　Ⓓ 手机

(1) 这是＿＿＿＿＿＿茶?

(2) 那是你的＿＿＿＿＿＿吗?

(3) 这＿＿＿＿＿＿不是我的。

(4) 你＿＿＿＿＿＿喝水吗?

4. 다음 문장이 맞으면 ○, 틀리면 X를 표시하세요.

(1) 我很喜欢看电影。　(　　)　　(2) 茉莉花茶很好喝。　(　　)

(3) 那是不手机吗?　(　　)　　(4) 这是什么电影吗?　(　　)

5. 다음 중국어 문장을 해석해 보세요.

(1) 那也是书包*吗?　Ⓚ＿＿＿＿＿＿＿＿＿＿＿＿＿＿＿＿

🔑 书包 shūbāo 몡 책가방

(2) 这不是你的吗?　Ⓚ＿＿＿＿＿＿＿＿＿＿＿＿＿＿＿＿

(3) 这是我喜欢的书。　Ⓚ＿＿＿＿＿＿＿＿＿＿＿＿＿＿＿＿

(4) 我不喜欢喝可乐*。　Ⓚ＿＿＿＿＿＿＿＿＿＿＿＿＿＿＿＿

🔑 可乐 kělè 몡 콜라

03 | 这是什么茶?

1. 발음의 차이에 주의하며 녹음을 들어 보세요.

🎧 MP3 w03-03

(1) mǎi bǎi   (2) zhǔn chǔn   (3) cēn sēn   (4) gòu hòu

(5) fǒu fǔ   (6) yān yāng   (7) wèn wèi   (8) kuài kài

(9) guān guàn   (10) qié qiè   (11) niú niǔ   (12) shuō shuò

2. 녹음을 듣고 빈칸에 들어갈 알맞은 단어를 보기에서 고르세요.

🎧 MP3 w03-04

보기

Ⓐ 中国茶   Ⓑ 茉莉花茶   Ⓒ 汉语书   Ⓓ 手机

(1) A : 你看什么?

B : 我看_____。

(2) A : 这是什么?

B : 这是_____。

(3) A : 那是什么?

B : 那是_____。

(4) A : 你喜欢喝什么茶?

B : 我喜欢喝_____。

3. 녹음을 듣고 내용과 일치하는 그림을 고르세요.

Ⓐ　　　　　　Ⓑ　　　　　　Ⓒ　　　　　　Ⓓ

　(1) ＿＿＿＿＿＿　　(2) ＿＿＿＿＿＿　　(3) ＿＿＿＿＿＿　　(4) ＿＿＿＿＿＿

4. 녹음을 듣고 빈칸에 알맞은 단어를 받아쓰세요. MP3 w03-06

　(1) 我喜欢＿＿＿＿＿＿＿＿＿。

　(2) 那是＿＿＿＿＿＿＿＿吗?

　(3) 这是＿＿＿＿＿＿＿＿，中国人很＿＿＿＿＿＿＿＿喝茶。

　(4) 那是我的＿＿＿＿＿＿＿＿，＿＿＿＿＿＿＿＿很好看。

5. 녹음의 대화를 듣고 다음 질문에 알맞은 답을 중국어로 쓰세요. MP3 w03-07

　(1) 남자의 휴대전화는 어떤가요?

　　Ⓒ ＿＿＿＿＿＿＿＿＿＿＿＿＿＿＿＿＿＿＿＿＿＿＿＿＿＿＿＿

　(2) 그것은 누구의 책인가요?

　　Ⓒ ＿＿＿＿＿＿＿＿＿＿＿＿＿＿＿＿＿＿＿＿＿＿＿＿＿＿＿＿

　(3) 남자는 무슨 차를 좋아하나요?

　　Ⓒ ＿＿＿＿＿＿＿＿＿＿＿＿＿＿＿＿＿＿＿＿＿＿＿＿＿＿＿＿

　(4) 여자는 무엇을 보나요?

　　Ⓒ ＿＿＿＿＿＿＿＿＿＿＿＿＿＿＿＿＿＿＿＿＿＿＿＿＿＿＿＿

说 말하기

1. 다음 한어병음을 발음해 보세요.

MP3 w05-01

(1) gēnběn   (2) bīnlín   (3) chūnsǔn   (4) jūnxùn

(5) shǒudū   (6) lǚyóu   (7) jǐngchá   (8) zhěngtiān

(9) měimǎn   ⑩ gǔwǔ   ⑪ lǎobǎn   ⑫ liǎojiě

2. 다음 단어를 중국어로 말해 보세요.

(1) 알다   (2) 친구

(3) 기쁘다   (4) 이름

3. 다음 문장을 중국어로 말해 보세요.

(1) 저는 한우진(韩雨真)이라고 합니다.   (2) 그 사람들은 모두 중국인인가요?

(3) 저는 종업원이 아니에요.   (4) 당신을 알게 되어 기뻐요.

4. 다음 질문에 어울리는 대답을 중국어로 말해 보세요.

(1) 你叫什么名字?   (2) 您贵姓?

(3) 你是老师吗?   (4) 他也是学生吗?

5. 다음 대화의 밑줄 친 부분을 제시된 중국어로 바꾸어 말해 보세요.

(1) A : 你想去书店*吗?
　　 B : 我想去。你呢?

　　 제시어 ▶ ① 学校　　　② 图书馆　　　③ 中国　　　④ 美国

　　　　　　　　　　　　　　　　　　　　　 🔑 书店 shūdiàn 몡 서점

(2) A : 你不去学校吧?
　　 B : 是的。

　　 제시어 ▶ ① 明天不来　　② 喜欢看电影　　③ 相信他　　④ 不去中国

(3) A : 你看什么?
　　 B : 我看电影。

　　 제시어 ▶ ① 看 / 看书　　　　② 买 / 买手机
　　　　　　　 ③ 吃 / 吃炒面　　　④ 喝 / 喝可乐

(4) A : 这是中国的茶吧?
　　 B : 这不是中国的茶，是韩国的。

　　 제시어 ▶ ① 咖啡* / 可乐　　　② 韩国电影 / 中国电影
　　　　　　　 ③ 美国手机 / 韩国的　④ 炒面 / 炒饭

　　　　　　　　　　　　　　　　　　　　　 🔑 咖啡 kāfēi 몡 커피

写 쓰기

1. 다음 단어를 바르게 써 보세요.

叫 叫 叫 叫 叫

| 叫 | 叫 | | | |
| jiào | jiào | | | |

姓 姓 姓 姓 姓 姓 姓 姓

| 姓 | 姓 | | | |
| xìng | xìng | | | |

哪 哪 哪 哪 哪 哪 哪 哪 哪

| 哪 | 哪 | | | |
| nǎ | nǎ | | | |

吧 吧 吧 吧 吧 吧 吧

| 吧 | 吧 | | | |
| ba | ba | | | |

美 美 美 美 美 美 美 美 美

| 美 | 美 | | | |
| měi | měi | | | |

2. 다음 단어의 중국어와 한어병음을 쓰세요.

(1) 미국   C_____   P_____

(2) 한국   C_____   P_____

(3) 중국   C_____   P_____

(4) 학생   C_____   P_____

(5) 선생님   C_____   P_____

3. 다음 빈칸에 알맞은 단어를 쓰세요.

(1) 他不是中国人，是______{Hánguó rén}_____。

(1) 他不是中国人，是^{Hánguó rén}_____。

(2) 他是^{péngyou}_____吗?

(3) 你^{rènshi}_____他吗?

(4) 今天我很^{gāoxìng}_____。

4. 다음 제시된 중국어를 재배열하여 문장을 완성하세요.

(1) 贵 / 您 / 姓　　　　　　　▶_____

(2) 我 / 认识 / 想 / 他　　　　▶_____

(3) 是 / 韩国人 / 他们 / 都　　▶_____

(4) 老师 / 是 / 她 / 的 / 汉语 / 我们　▶_____

5. 다음 문장을 중국어로 바꾸어 쓰세요.

(1) 만나서 반갑습니다.　　　　　　ⓒ_____

(2) 넌 이름이 뭐니?　　　　　　　ⓒ_____

(3) 그 사람은 한국인이 아니고 중국인이야.　ⓒ_____

(4) 저도 당신을 알게 되어서 반갑습니다.　ⓒ_____

05 | 你是哪国人?

1. 다음 문장을 소리 내어 읽어 보세요.

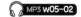

堂堂端糖汤
Tángtang duān táng tāng

堂堂端糖汤，要去塘上堂，
Tángtang duān táng tāng, yào qù táng shàng táng,

汤烫糖又烫，堂堂躺堂上。
tāng tàng táng yòu tàng, tángtang tǎng táng shàng.

탕탕이 설탕물을 들고 있다

탕탕이 설탕물을 들고, 연못에 가서 전각에 오르는데,
국물이 뜨겁고 설탕도 뜨거워서, 탕탕은 전각 위에 쓰러졌다.

2. 다음 단어의 뜻을 쓰세요.

(1) 朋友 ⓚ_____   (2) 名字 ⓚ_____

(3) 哪 ⓚ_____   (4) 认识 ⓚ_____

3. 빈칸에 들어갈 알맞은 단어를 보기에서 고르세요.

보기

Ⓐ 想　Ⓑ 叫　Ⓒ 高兴　Ⓓ 朋友

(1) 我不＿＿＿＿＿＿去医院*。　　　　　　　🔑 医院 yīyuàn 몡 병원

(2) 这是我的＿＿＿＿＿＿，他是中国人。

(3) 认识你我也很＿＿＿＿＿＿！

(4) 他＿＿＿＿＿＿什么？

4. 다음 문장이 맞으면 ○, 틀리면 X를 표시하세요.

(1) 你是中国人?　　　　(　　)　　　(2) 她不想去学校。　　(　　)

(3) 你贵姓?　　　　　　(　　)　　　(4) 我的朋友叫王平。　(　　)

5. 다음 중국어 문장을 해석해 보세요.

(1) 我们学校很不错。　　　Ⓚ＿＿＿＿＿＿＿＿＿＿＿＿＿＿＿＿＿

(2) 你们都是美国人吗?　　　Ⓚ＿＿＿＿＿＿＿＿＿＿＿＿＿＿＿＿＿

(3) 我不是老师，是学生。　Ⓚ＿＿＿＿＿＿＿＿＿＿＿＿＿＿＿＿＿

(4) 妈妈，你想买什么书?　Ⓚ＿＿＿＿＿＿＿＿＿＿＿＿＿＿＿＿＿

05 | 你是哪国人?

1. 녹음을 듣고 중국어와 한어병음을 받아쓰세요. '一'의 발음에 주의하여 변조된 성조를 표시하세요. 🎧 MP3 **w05-03**

   (1) ⓒ_____   ⓟ_____

   (2) ⓒ_____   ⓟ_____

   (3) ⓒ_____   ⓟ_____

   (4) ⓒ_____   ⓟ_____

2. 녹음을 듣고 빈칸에 들어갈 알맞은 단어를 보기에서 고르세요. 🎧 MP3 **w05-04**

   보기

   Ⓐ什么　Ⓑ李　Ⓒ林芳　Ⓓ哪国人

   (1) A : 您贵姓?

   　　B : 我姓_____。

   (2) A : 你叫什么名字?

   　　B : 我叫_____。

   (3) A : 你是_____?

   　　B : 我是韩国人。

   (4) A : 你想买_____?

   　　B : 我想买手机。

3. 녹음을 듣고 내용과 일치하는 그림을 고르세요.　MP3 w05-05

Ⓐ　　　　　　　　Ⓑ　　　　　　　　Ⓒ　　　　　　　　Ⓓ

(1) _____　(2) _____　(3) _____　(4) _____

4. 녹음을 듣고 빈칸에 알맞은 단어를 받아쓰세요.　MP3 w05-06

(1) 我_____王平，我是_____。

(2) 他_____韩，是_____。

(3) 你是_____?

(4) 我叫林芳，_____你很_____。

5. 녹음의 대화를 듣고 다음 질문에 알맞은 답을 중국어로 쓰세요.　MP3 w05-07

(1) 린팡(林芳)은 어느 나라 사람인가요?

　Ⓒ _____

(2) 남자의 성은 무엇인가요?

　Ⓒ _____

(3) 왕핑(王平)은 어느 나라 사람인가요?

　Ⓒ _____

(4) 여자는 무엇을 사고 싶어 하나요?

　Ⓒ _____

07 | 你的生日是几月几号?

说 말하기

1. 다음 문장을 중국어로 말해 보세요.

(1) 나는 책을 보러 도서관에 가.

(2) 나의 생일은 7월 25일이야.

(3) 그 사람은 영화관에 가서 영화를 보고 싶어해.

(4) 그 사람은 나에게 밥을 사.

2. 다음 질문에 어울리는 대답을 중국어로 말해 보세요.

(1) 你几点去?

(2) 现在几点?

(3) 今天是不是星期三?

(4) 你爸爸的生日是几月几号?

3. 다음 밑줄 친 부분에 어울리는 질문을 중국어로 말해 보세요.

(1) A : _____

　　 B : 不是，是这个星期六。

(2) A : _____

　　 B : 一点二十五分。

(3) A : _____

　　 B : 今天星期二。

(4) A : _____

　　 B : 今天五月三号。

4. 다음 대화의 밑줄 친 부분을 제시된 중국어로 바꾸어 말해 보세요.

(1) A : 现在几点?
　　 B : 现在两点。

제시어 ▶ ① 一点一刻　② 三点零四分　③ 五点半　④ 差十分七点

(2) A : 今天星期几?
　　 B : 今天星期二。

제시어 ▶ ① 星期一　② 星期五　③ 星期六　④ 星期天

⑶ A : 几点吃饭?

B : 十二点。

제시어 ▶	① 起床 / 早上 *七点	② 去学校 / 早上九点
	③ 回家 / 下午 *六点	④ 睡觉 / 晚上 *十点

🔑 早上 zǎoshang 명 아침 | 下午 xiàwǔ 명 오후 | 晚上 wǎnshang 명 저녁

⑷ A : 你去电影院吗?

B : 是啊，我想去看电影。

제시어 ▶	① 书店 / 买书	② 中国 / 学汉语
	③ 图书馆 / 看书	④ 商店 / 买电脑

5. 제시된 단어를 포함하여 그림의 상황에 알맞은 대화를 만들어 보세요.

⑴

제시어 ▶ 今天 / 星期天

A :

B :

⑵

제시어 ▶ 生日 / 四月六号

A :

B :

⑶

제시어 ▶ 来 / 问题

A :

B :

⑷

제시어 ▶ 几 / 点

A :

B :

07 | 你的生日是几月几号?

写 쓰기

1. 다음 단어를 바르게 써 보세요.

对 对 对 对 对

对	对				
duì	duì				

号 号 号 号 号

号	号				
hào	hào				

请 请 请 请 请 请 请 请 请 请

请	请				
qǐng	qǐng				

问 问 问 问 问 问 / 题 题 题 题 题 题 题 题 题 题 题 题 题 题

问题	问题				
wèntí	wèntí				

2. 다음 단어의 중국어와 한어병음을 쓰세요.

(1) 분   ⓒ_____ ⓟ_____

(2) 15분   ⓒ_____ ⓟ_____

(3) 시   ⓒ_____ ⓟ_____

(4) 일   ⓒ_____ ⓟ_____

(5) 요일/주   ⓒ_____ ⓟ_____

(6) 월   ⓒ_____ ⓟ_____

3. 다음 제시된 중국어를 재배열하여 문장을 완성하세요.

(1) 他 / 点 / 起床 / 几   ▶ _____

(2) 明天 / 答应 / 来 / 他 / 我   ▶ _____

(3) 星期天 / 是 / 那天 / 正好   ▶ _____

(4) 晚饭 / 来 / 你 / 我家 / 吃 / 吧   ▶ _____

4. 다음 문장을 중국어로 바꾸어 쓰세요.

(1) 내 생일은 7월 25일이야.

ⓒ _____

(2) 나는 숙제하러 도서관에 가.   ♀ 做 zuò 图 하다 | 作业 zuòyè 명 숙제

ⓒ _____

(3) 나는 수요일 오후 2시 30분에 중국어 수업이 있어.   ♀ 课 kè 명 수업

ⓒ _____

(4) 이번 주 일요일에 볶음밥 먹으러 가자. 어때?

ⓒ _____

5. 다음 제시된 단어를 이용하여 연동문을 만들어 보세요.

보기

동사1 ▶ 来 去   동사2 ▶ 吃 看 学 买

(1) ▶ _____

(2) ▶ _____

(3) ▶ _____

(4) ▶ _____

07 | 你的生日是几月几号?

读 읽기

1. 다음 문장을 소리 내어 읽어 보세요.

 MP3 w07-01

今天五月二十七号，是我女朋友的生日。
Jīntiān wǔ yuè èrshíqī hào, shì wǒ nǚ péngyou de shēngrì.

我今天正好没有课，不去学校。
Wǒ jīntiān zhènghǎo méiyǒu kè, bú qù xuéxiào.

我去商店买了一束鲜花和一条漂亮的裙子。
Wǒ qù shāngdiàn mǎile yí shù xiānhuā hé yì tiáo piàoliang de qúnzi.

然后去她的学校见她了。
Ránhòu qù tā de xuéxiào jiàn tā le.

晚上，我和女朋友想看电影，所以我们去了电影院。
Wǎnshang, wǒ hé nǚ péngyou xiǎng kàn diànyǐng, suǒyǐ wǒmen qùle diànyǐngyuàn.

> **해석**
>
> 오늘은 5월 27일, 내 여자 친구의 생일이다.
> 나는 오늘 마침 수업이 없어서 학교에 가지 않는다.
> 나는 상점에 가서 꽃 한 다발과 예쁜 치마를 한 벌 샀다.
> 그런 뒤에 그녀의 학교에 가서 그녀를 만났다.
> 저녁에 나와 여자 친구는 영화를 보고 싶어서 영화관에 갔다.

2. 빈칸에 들어갈 알맞은 단어를 보기에서 고르세요.

보기

Ⓐ 多　Ⓑ 几　Ⓒ 差　Ⓓ 正好

(1) 现在＿＿＿＿＿＿三分五点。

(2) 你弟弟＿＿＿＿＿＿大了?

(3) 你的生日是星期＿＿＿＿＿＿?

(4) 那天＿＿＿＿＿＿是星期天。

3. 제시된 단어의 알맞은 위치를 고르세요.

(1) **去**　　你 Ⓐ 几点 Ⓑ 学校 Ⓒ 吃 Ⓓ 早饭*?　　　　🔑 早饭 zǎofàn 몡 아침밥

(2) **星期几**　　他 Ⓐ 来 Ⓑ 我们家 Ⓒ 玩儿 Ⓓ?

(3) **见朋友**　　这个星期天 Ⓐ 我哥哥 Ⓑ 去 Ⓒ 中国 Ⓓ。

(4) **五点**　　我们 Ⓐ 在 Ⓑ 图书馆 Ⓒ 见，怎么样 Ⓓ?

4. 다음은 틀린 문장입니다. 올바르게 고치세요.

(1) 现在三点零一刻。　　▶ _____

(2) 我买书去书店。　　▶ _____

(3) 你去学校几点?　　▶ _____

(4) 他来学汉语中国。　　▶ _____

5. 다음 글을 읽고 질문에 답하세요.

　　我每天*早上六点起床，晚上十二点半睡觉。明天是星期六，我不去学校。我想十点起床，十二点去朋友家玩儿，下午三点跟*朋友一起去看电影。

🔑 每天 měitiān 몡 매일 | 跟 gēn 전 ~와

(1) '나'는 토요일 몇 시에 일어나려고 하나요?
　　Ⓐ 三点　　Ⓑ 六点　　Ⓒ 十点　　Ⓓ 十二点

(2) 토요일 오후 3시에 '나'는 무엇을 할 계획인가요?
　　Ⓐ 跟朋友一起去看电影　　　　Ⓑ 去学校
　　Ⓒ 去朋友家玩儿　　　　　　　Ⓓ 睡觉

07 │ 你的生日是几月几号?

听 듣기

1. 녹음을 듣고 중국어와 한어병음을 받아쓰세요. 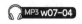 MP3 w07-02

(1) ⓒ_____ Ⓟ_____

(2) ⓒ_____ Ⓟ_____

(3) ⓒ_____ Ⓟ_____

(4) ⓒ_____ Ⓟ_____

2. 녹음의 질문을 듣고 알맞은 대답과 연결하세요. MP3 w07-03

(1) ●　　　　　　　　　　　● Ⓐ 八月二十号。

(2) ●　　　　　　　　　　　● Ⓑ 星期天。

(3) ●　　　　　　　　　　　● Ⓒ 下午六点半回家。

(4) ●　　　　　　　　　　　● Ⓓ 八点一刻去。

3. 녹음을 듣고 내용과 일치하는 그림을 고르세요. MP3 w07-04

Ⓐ 　　Ⓑ 　　Ⓒ 　　Ⓓ

(1) _____　(2) _____　(3) _____　(4) _____

4. 녹음의 대화와 질문을 듣고 질문에 알맞은 대답을 중국어로 쓰세요. 🎧 MP3 w07-05

(1) C _____

(2) C _____

(3) C _____

(4) C _____

🔑 要 yào 통 ~할 것이다

5. 녹음의 이야기를 듣고 다음 문장이 맞으면 ○, 틀리면 X를 표시하세요. 🎧 MP3 w07-06

(1) 这个周末*是我的生日。 (　　)

(2) 我今年二十岁。 (　　)

(3) 我的朋友明天不去学校上课。 (　　)

(4) 妈妈说，吃饭以后请朋友来我家玩儿。 (　　)

🔑 周末 zhōumò 몡 주말 | 不过 búguò 접 그런데, 그러나 | 下课 xiàkè 통 수업이 끝나다

09 | 一共多少钱?

1. 다음 문장을 중국어로 말해 보세요.

(1) 나는 케이크 한 조각을 먹으려고 해.　　(2) 여기에서 드시나요, 가지고 가시나요?

(3) 둘 모두 필요 없어요.　　(4) 200위안 드릴게요.

2. 다음 질문에 어울리는 대답을 중국어로 말해 보세요.

(1) 这个多少钱?　　(2) 你要这个还是那个?

(3) 你想吃蛋糕还是巧克力?　　(4) 你要买几个?

3. 제시된 단어를 포함하여 밑줄 친 부분에 어울리는 질문을 중국어로 말해 보세요.

(1) A: _____ [多少]　　(2) A: _____ [还是]

B: 十三块。　　B: 我要去美国。

(3) A: _____ [还是]　　(4) A: _____ [吗]

B: 都要。　　B: 很贵。

4. 다음 대화의 밑줄 친 부분을 제시된 중국어로 바꾸어 말해 보세요.

(1) A: 这个多少钱?
B: 两块八。

> 제시어 ▶ ① 十块　② 一百三十块　③ 两百零五块　④ 一千块

(2) A: 这个贵吗?
B: 很贵。

> 제시어 ▶ ① 漂亮 / 很漂亮　　② 可爱 / 很可爱
> ③ 好吃 / 不好吃　　④ 好看 / 不好看

(3) A：你要买什么？

B：我要买一本书。

> 제시어 ▶ ① 喝 / 喝茶 　　　② 看 / 看中国电影
>
> 　　　　③ 吃 / 吃一块巧克力　④ 学 / 学汉语

(4) A：你要喝茶还是喝咖啡？

B：喝咖啡。

> 제시어 ▶ ① 休息[*] / 学习 　② 买裙子[*] / 买裤子[*]
>
> 　　　　③ 去美国 / 去中国　④ 坐这儿 / 坐那儿

🔑 休息 xiūxi 동 쉬다 | 裙子 qúnzi 명 치마 | 裤子 kùzi 명 바지

5. 제시된 단어를 포함하여 그림의 상황에 알맞은 대화를 만들어 보세요.

(1)

제시어 ▶ 多少钱 / 块

A：

B：

(2)

제시어 ▶ 还是 / 汉语

A：

B：

(3)

제시어 ▶ 学习 / 玩儿

A：

B：

(4)

제시어 ▶ 别的 / 咖啡

A：

B：

写 쓰기

1. 다음 단어를 바르게 써 보세요.

要要要要要要要要要

| 要 | 要 | | | | |
| yào | yào | | | | |

杯杯杯杯杯杯杯杯

| 杯 | 杯 | | | | |
| bēi | bēi | | | | |

钱钱钱钱钱钱钱钱钱钱

| 钱 | 钱 | | | | |
| qián | qián | | | | |

蛋蛋蛋蛋蛋蛋蛋蛋蛋蛋 / 糕糕糕糕糕糕糕糕糕糕糕糕糕糕

| 蛋糕 | 蛋糕 | | | |
| dàngāo | dàngāo | | | |

咖咖咖咖咖咖咖咖 / 啡啡啡啡啡啡啡啡啡啡啡

| 咖啡 | 咖啡 | | | |
| kāfēi | kāfēi | | | |

2. 다음 문장을 중국어로 바꾸어 쓰세요.

(1) 너 커피 마실래, 차 마실래?　　　C _____

(2) 엄마는 커피 마시는 것을 좋아하셔.　　C _____

(3) 나는 중국어 책을 사려고 해.　　　C _____

(4) 그 사람은 커피 두 잔과 케이크 한 조각을 주문했어. C _____

3. 다음 제시된 중국어를 재배열하여 문장을 완성하세요.

(1) 多少 / 这 / 钱 / 个　　　　　▶ _____

(2) 你 / 糖 / 吗 / 加 / 要　　　　　▶ _____

(3) 还是 / 在 / 带走 / 吃 / 这儿　　▶ _____

(4) 买 / 要 / 东西* / 去 / 妈妈 / 商店　▶ _____

ℓ 东西 dōngxi 명 물건

4. 제시된 단어를 이용하여 선택의문문을 만들어 보세요.

(1) 中国 / 韩国　　Ⓒ_____

(2) 裤子 / 裙子　　Ⓒ_____

(3) 姐姐 / 妹妹　　Ⓒ_____

(4) 地铁 / 公交车　Ⓒ_____

5. 제시된 동사를 이용하여 보기와 같이 여러 종류의 의문문을 만들고 뜻을 쓰세요.

보기

吃　　你想吃中国菜吗? 너는 중국 요리를 먹고 싶니?

　　　你想吃炒饭还是吃炒面? 너 볶음밥 먹을래, 볶음면 먹을래?

　　　你想吃什么? 너는 뭐 먹고 싶니?

(1) 看　Ⓒ_____　Ⓚ_____

　　　　Ⓒ_____　Ⓚ_____

　　　　Ⓒ_____　Ⓚ_____

(2) 买　Ⓒ_____　Ⓚ_____

　　　　Ⓒ_____　Ⓚ_____

　　　　Ⓒ_____　Ⓚ_____

09 | 一共多少钱?

读 읽기

1. 다음 문장을 소리 내어 읽어 보세요.

我喜欢看小说。韩国小说、中国小说、美国小说都很喜欢。
Wǒ xǐhuan kàn xiǎoshuō. Hánguó xiǎoshuō、Zhōngguó xiǎoshuō、Měiguó xiǎoshuō dōu hěn xǐhuan.

今天下课以后，我和朋友一起去书店买了几本小说。
Jīntiān xiàkè yǐhòu, wǒ hé péngyou yìqǐ qù shūdiàn mǎile jǐ běn xiǎoshuō.

我买了一本中国小说，叫《兄弟》，四十三块；
Wǒ mǎile yì běn Zhōngguó xiǎoshuō, jiào《Xiōngdì》, sìshísān kuài;

我的朋友买了一本韩国小说，叫《阵雨》，五十块。
wǒ de péngyou mǎile yì běn Hánguó xiǎoshuō, jiào《Zhènyǔ》, wǔshí kuài.

 해석

나는 소설 보는 것을 좋아한다. 한국 소설, 중국 소설, 미국 소설 모두 좋아한다.
오늘 수업이 끝난 뒤에 나는 친구와 함께 소설책 몇 권을 사러 서점에 갔다.
나는 《형제》라는 중국 소설 한 권을 샀는데, 43위안이었다.
내 친구는 《소나기》라는 한국 소설을 한 권 샀는데, 50위안이었다.

2. 빈칸에 들어갈 알맞은 단어를 보기에서 고르세요.

보기
Ⓐ 给   Ⓑ 还是   Ⓒ 一共   Ⓓ 要

(1) 您还_____什么?

(2) 他_____了我两本书。

(3) 你去图书馆_____去学校?

(4) 三杯咖啡_____多少钱?

3. 제시된 단어의 알맞은 위치를 고르세요.

(1) **想** 今天 Ⓐ 我 Ⓑ 很累*，Ⓒ 在家 Ⓓ 休息。 🔑 累 lèi 혱 피곤하다

(2) **想** 你 Ⓐ 喝 Ⓑ 咖啡还是 Ⓒ 喝 Ⓓ 茶?

(3) **要** 您 Ⓐ 点 Ⓑ 的咖啡 Ⓒ 加糖 Ⓓ 吗?

(4) **要** 这件衣服* Ⓐ 太 Ⓑ 贵了，Ⓒ 我不 Ⓓ 。 🔑 衣服 yīfu 혱 옷, 의복

4. 다음은 틀린 문장입니다. 올바르게 고치세요.

(1) 两杯咖啡都要不加糖。 ▶ _____

(2) 我还想两杯可乐。 ▶ _____

(3) 这件衣服卖怎么? ▶ _____

(4) 多少钱一块蛋糕? ▶ _____

5. 다음 글을 읽고 질문에 답하세요.

　　下课以后，我跟朋友一起去了一家中国餐厅。我的朋友点了一个炒面，十五块；我很饿，点了一个炒饭，十块。我的朋友很想吃肉，所以他还点了一个糖醋牛肉，二十五块。

🔑 餐厅 cāntīng 몡 식당 | 饿 è 혱 배고프다 | 肉 ròu 몡 고기 |

糖醋牛肉 tángcù niúròu 몡 소고기로 만든 탕수육

(1) '나'의 친구는 왜 '糖醋牛肉'를 주문했나요?

　Ⓐ "我" 很饿　　　　　Ⓑ 糖醋牛肉很便宜

　Ⓒ "我" 的朋友想吃肉　Ⓓ "我" 的朋友很饿

(2) 그들은 총 얼마를 지불했나요?

　Ⓐ 十五块　　Ⓑ 二十块　　Ⓒ 三十块　　Ⓓ 五十块

09 一共多少钱?

听 듣기

1. 녹음을 듣고 빈칸에 알맞은 단어를 받아쓰세요.   🎧 MP3 w09-02

   (1) 坐地铁＿＿＿＿＿＿坐公交车?

   (2) 妈妈＿＿＿＿＿＿了我一百块钱。

   (3) 弟弟＿＿＿＿＿＿去公园玩儿。

   (4) 我＿＿＿＿＿＿买一件衣服。

2. 녹음의 질문을 듣고 알맞은 대답과 연결하세요.   🎧 MP3 w09-03

   (1) ●   ● Ⓐ 十块钱三个。

   (2) ●   ● Ⓑ 要两杯咖啡。

   (3) ●   ● Ⓒ 一共八十六块。

   (4) ●   ● Ⓓ 给我一杯茶吧。

3. 녹음의 대화와 질문을 듣고 질문에 알맞은 대답을 중국어로 쓰세요.   🎧 MP3 w09-04

   (1) Ⓒ ＿＿＿＿＿＿＿＿＿＿＿＿＿＿＿＿＿＿＿＿＿

   🔑 条 tiáo 양 [가늘고 긴 것을 셀 때 쓰임]

   (2) Ⓒ ＿＿＿＿＿＿＿＿＿＿＿＿＿＿＿＿＿＿＿＿＿

   (3) Ⓒ ＿＿＿＿＿＿＿＿＿＿＿＿＿＿＿＿＿＿＿＿＿

   (4) Ⓒ ＿＿＿＿＿＿＿＿＿＿＿＿＿＿＿＿＿＿＿＿＿

4. 녹음을 듣고 내용을 중국어로 받아쓰세요. 🎧 MP3 w09-05

(1) C _____

(2) C _____

(3) C _____

(4) C _____

5. 녹음의 이야기를 듣고 다음 문장이 맞으면 ○, 틀리면 X를 표시하세요. 🎧 MP3 w09-06

(1) 我们买了三斤*苹果。　　　(　　)

(2) 我的朋友喜欢吃苹果。　　　(　　)

(3) 苹果三块五一斤。　　　(　　)

(4) 三斤葡萄*一共三块六。　　　(　　)

🔑 水果 shuǐguǒ 몡 과일 | 斤 jīn 양 근, 500그램(무게 단위) | 葡萄 pútao 몡 포도

MEMO

MEMO

MEMO

워크북 📖홀수

이름

중국어의 신 ——————

워크북 짝수

THE GOD OF CHINESE

STEP **1**

중국어뱅크 | 한국인의 한국인에 의한 한국인을 위한 중국어 회화 시리즈

THE GOD OF CHINESE

중국어의 신

워크북

STEP 1

동양북스

说 말하기

1. 다음 한어병음을 발음해 보세요.

🎧 MP3 w02-01

(1) dē   (2) tē   (3) nē   (4) lē

(5) bù   (6) bào   (7) bèi   (8) bèng

(9) wū   (10) wú   (11) wǔ   (12) wù

2. 다음 단어를 중국어로 말해 보세요.

(1) 내일   (2) 한국   (3) 중국   (4) 내년

3. 다음 문장을 중국어로 바꾸어 말해 보세요.

(1) 그 사람도 중국에 가요.   (2) 내일도 가나요?

(3) 내년에 그 사람은 한국에 가요.   (4) 나는 그 사람을 믿어. 너는?

4. 다음 질문에 어울리는 대답을 중국어로 말해 보세요.

(1) 明天你来吗?

(2) 他今天来，明天呢?

(3) 你也看吗?

(4) 我去中国，你呢?

5. 다음 대화의 밑줄 친 부분을 제시된 중국어로 바꾸어 말해 보세요.

(1) A : 你去<u>图书馆</u>*吗?
　　B : 我去<u>图书馆</u>。

> 제시어 ▶ ① 学校* 　② 韩国 　③ 中国

 图书馆 túshūguǎn 몡 도서관 | 学校 xuéxiào 몡 학교

(2) A : 你也<u>来</u>吗?
　　B : 我也<u>来</u>。

> 제시어 ▶ ① 去 　② 相信他 　③ 爱她

(3) A : <u>明天</u>他来吗?
　　B : 来。

> 제시어 ▶ ① 今天 　② 明年 　③ 今年

(4) A : 我相信他，你呢?
　　B : 我也相信<u>他</u>。

> 제시어 ▶ ① 妈妈 　② 爸爸 　③ 我们

写 쓰기

1. 다음 단어를 바르게 써 보세요.

来 lái	来 lái				来 来 来 来 来 来 来

去 qù	去 qù				去 去 去 去 去

见 jiàn	见 jiàn				见 见 见 见

爱 ài	爱 ài				爱 爱 爱 爱 爱 爱 爱 爱 爱 爱

看 kàn	看 kàn				看 看 看 看 看 看 看 看 看

2. 다음 단어의 중국어와 한어병음을 쓰세요.

(1) 작년 C_____ P_____   (2) 그저께 C_____ P_____

(3) 어제 C_____ P_____   (4) 오늘 C_____ P_____

(5) 내일 C_____ P_____   (6) 모레 C_____ P_____

(7) 내년 C_____ P_____   (8) 올해 C_____ P_____

3. 다음 빈칸에 알맞은 단어를 쓰세요.

(1) <u>　　mǎma　　</u>来吗?

(2) 明天你 <u>　　yě　　</u>来吗?

(3) 我去图书馆，你<u>　　ne　　</u>?

(4) 明天他们<u>　　dōu　　</u>去学校。

4. 다음 대화에서 빈칸에 들어갈 알맞은 말을 쓰세요.

(1) A：对不起!

　　B：_____。

(2) A：你好!

　　B：_____。

(3) A：_____!

　　B：不客气!

(4) A：_____!

　　B：再见!

5. 다음 제시된 중국어를 재배열하여 문장을 완성하세요.

(1) 看 / 我 / 也　　　▶ _____

(2) 见 / 明天 / 那　　▶ _____

(3) 你 / 吗 / 后天 / 来　▶ _____

(4) 吗 / 去 / 也 / 爸爸　▶ _____

02 | 明天你来吗?

1. 다음 문장을 소리 내어 읽어 보세요.

四是四，十是十
Sì shì sì, shí shì shí

四是四，十是十，四不是十，十不是四。
Sì shì sì, shí shì shí, sì bú shì shí, shí bú shì sì.

十四是十四，四十是四十，十四不是四十，四十不是十四。
Shísì shì shísì, sìshí shì sìshí, shísì bú shì sìshí, sìshí bú shì shísì,

别把四十当十四，也别把十四当四十。
Bié bǎ sìshí dāng shísì, yě bié bǎ shísì dāng sìshí.

해석

4는 40이고 10은 100이다.

4는 40이고, 10은 100이다. 4는 100이 아니고, 10은 4가 아니다.
14는 140이고, 40은 400이다. 14는 400이 아니고, 40은 14가 아니다.
40을 14라고 하지 말고, 또한 14를 400이라고 하지 말자.

2. 다음 단어의 뜻을 쓰세요.

(1) 明天　Ⓚ_____　　(2) 去年　Ⓚ_____

(3) 韩国　Ⓚ_____　　(4) 中国　Ⓚ_____

3. 제시된 단어의 알맞은 위치를 고르세요.

(1) 也　　Ⓐ 他 Ⓑ 去 Ⓒ 学校 Ⓓ 。

(2) 那　　Ⓐ 我们 Ⓑ 明天 Ⓒ 见 Ⓓ 。

(3) 都　　Ⓐ 明天 Ⓑ 他们 Ⓒ 来 Ⓓ 。

(4) 呢　　我 Ⓐ 爱 Ⓑ 你 Ⓒ ，你 Ⓓ ？

4. 다음 문장이 맞으면 ○, 틀리면 X를 표시하세요.

(1) 她后天也来。　　　(　　)

(2) 你也相信我吗?　　　(　　)

(3) 明天我学校去。　　　(　　)

(4) 今天吗他也来?　　　(　　)

5. 다음 중국어 문장을 해석해 보세요.

(1) 你也来吗?　　　Ⓚ_____

(2) 我们都看书。　　Ⓚ_____

(3) 我去中国，你呢?　Ⓚ_____

(4) 我也去图书馆。　Ⓚ_____

02 | 明天你来吗?

听 듣기

1. 발음의 차이에 주의하며 녹음을 들어 보세요. 🎧 MP3 w02-03

(1) pū tū　　　(2) jù qù　　　(3) zì zhì　　　(4) gé ké

(5) má mó　　　(6) jiā jiāo　　　(7) zuǒ zǒu　　　(8) mǎi mǎo

(9) gāo gào　　　(10) lěi lèi　　　(11) yīn yín　　　(12) hán hǎn

2. 녹음을 듣고 주어진 단어의 올바른 발음을 고르세요. 🎧 MP3 w02-04

(1) 好　háo hǎo　　　　　(2) 那　nǎ nà

(3) 明天　míngtiān mīngtiān　　　　　(4) 再见　zàijiàn zàijiān

3. 녹음을 듣고 빈칸에 알맞은 한어병음을 받아쓰세요. 🎧 MP3 w02-05

对牛弹琴

_____ niú _____ qín

4. 녹음을 듣고 내용과 일치하는 그림을 고르세요.

Ⓐ 　　Ⓑ 　　Ⓒ 　　Ⓓ

(1) _____　(2) _____　(3) _____　(4) _____

5. 녹음의 대화를 듣고 다음 질문에 알맞은 답을 중국어로 쓰세요.

(1) 내일 선생님이 오시나요?　Ⓒ_____

(2) 오늘 아빠가 오시나요?　Ⓒ_____

(3) 그들은 언제 도서관에 가나요?　Ⓒ_____

(4) 그들은 언제 만나나요?　Ⓒ_____

04 | 味道怎么样?

1. 다음 한어병음을 발음해 보세요.

🎧 MP3 w04-01

(1) kāicǎi   (2) pèibèi   (3) zǎocāo   (4) shōugòu

(5) fādá   (6) nǔlì   (7) shíqī   (8) qǐbù

(9) xìjù   (10) diànyǐng   (11) jījí   (12) tǐgé

2. 다음 단어를 중국어로 말해 보세요.

(1) 요리   (2) 볶음면

(3) 맛   (4) 어떠하다

3. 다음 문장을 중국어로 말해 보세요.

(1) 너 어떤 책을 보고 싶니?   (2) 나는 한국 영화 보는 것을 좋아해.

(3) 우리 모두 중국에 가는 것이 어떨까?   (4) 나는 차를 마시고 싶어.

4. 다음 질문에 어울리는 대답을 중국어로 말해 보세요.

(1) 你想喝什么?   (2) 我们去中国，怎么样?

(3) 韩国菜的味道怎么样?   (4) 我的手机怎么样?

5. 다음 대화의 밑줄 친 부분을 제시된 중국어로 바꾸어 말해 보세요.

(1) A : 你想喝什么?

B : 我想喝茉莉花茶。

제시어 ▶ ① 可乐　　　② 水　　　③ 韩国茶　　　④ 中国茶

(2) A : 味道怎么样?

B : 很好。

제시어 ▶ ① 炒饭的味道　② 天气　　③ 你妈妈的身体　④ 你们的学校

(3) A : 韩国菜好吃吗?

B : 很好吃。

제시어 ▶ ① 炒面　　　② 炒饭　　　③ 炸酱面*　　　④ 中国菜

𝄞 炸酱面 zhájiàngmiàn 명 자장면

(4) A : 你买*什么?

B : 买书。

제시어 ▶ ① 吃 / 吃炒饭　　　　② 喝 / 喝茉莉花茶

③ 看 / 看韩国电影　　④ 学习* / 学习汉语

𝄞 买 mǎi 동 사다 I 学习 xuéxí 명 공부 동 공부하다

写 쓰기

1. 다음 단어를 바르게 써 보세요.

						吃吃吃吃吃吃
吃 chī	吃 chī					

				想想想想想想想想想想想想想
想 xiǎng	想 xiǎng			

				菜菜菜菜菜菜菜菜菜菜菜
菜 cài	菜 cài			

				饭饭饭饭饭饭饭
饭 fàn	饭 fàn			

				错错错错错错错错错错错错错
错 cuò	错 cuò			

2. 다음 단어의 중국어와 한어병음을 쓰세요.

(1) 맛   C_____   P_____

(2) 볶음면   C_____   P_____

(3) 종업원   C_____   P_____

(4) 좋다   C_____   P_____

3. 다음 밑줄 친 부분에 어울리는 질문을 중국어로 쓰세요.

(1) A : ＿＿＿＿＿＿＿＿＿

B : 我想喝可乐。

(2) A : ＿＿＿＿＿＿＿＿＿

B : 很好吃。

(3) A : ＿＿＿＿＿＿＿＿＿

B : 我不喜欢吃炒面。

(4) A : ＿＿＿＿＿＿＿＿＿

B : 我也想吃炒饭。

4. 다음 제시된 중국어를 재배열하여 문장을 완성하세요.

(1) 吃 / 我 / 炒面 / 喜欢 ▶＿＿＿＿＿＿＿＿＿＿＿＿＿＿＿

(2) 你 / 看 / 什么 / 想 / 书 ▶＿＿＿＿＿＿＿＿＿＿＿＿＿＿＿

(3) 的 / 手机 / 不错 / 你 / 很 ▶＿＿＿＿＿＿＿＿＿＿＿＿＿＿＿

(4) 和 / 喜欢 / 我 / 喝 / 茶 / 他 / 都 ▶＿＿＿＿＿＿＿＿＿＿＿＿＿＿＿

5. 다음 문장을 중국어로 바꾸어 쓰세요.

(1) 건강은 어떠세요? Ⓒ＿＿＿＿＿＿＿＿＿＿＿＿＿＿＿

(2) 나는 한국 영화를 보고 싶어. Ⓒ＿＿＿＿＿＿＿＿＿＿＿＿＿＿＿

(3) 내 휴대전화는 정말 괜찮아. Ⓒ＿＿＿＿＿＿＿＿＿＿＿＿＿＿＿

(4) 그 사람은 중국 음식 먹는 것을 좋아해. Ⓒ＿＿＿＿＿＿＿＿＿＿＿＿＿＿＿

04 | 味道怎么样?

1. 다음 문장을 소리 내어 읽어 보세요.

 MP3 w04-02

板凳和扁担
Bǎndèng hé biǎndan

板凳宽，扁担长，
Bǎndèng kuān, biǎndan cháng,

扁担绑在板凳上，
biǎndan bǎngzài bǎndèng shàng,

板凳不让扁担绑在板凳上，
bǎndèng bú ràng biǎndan bǎngzài bǎndèng shàng,

扁担偏要绑在板凳上。
biǎndan piān yào bǎngzài bǎndèng shàng.

해석

걸상과 멜대

걸상은 넓고 멜대는 길다.
멜대는 걸상 위에 묶여 있다.
걸상은 멜대가 걸상 위에 묶여 있는 것을 허락하지 않는데,
멜대는 한사코 걸상 위에 묶여 있다.

2. 다음 단어의 뜻을 쓰세요.

(1) 喜欢 _____ (2) 学校 Ｋ_____

(3) 天气 Ｋ_____ (4) 身体 Ｋ_____

3. 빈칸에 들어갈 알맞은 단어를 보기에서 고르세요.

보기

Ⓐ 想   Ⓑ 什么   Ⓒ 学校   Ⓓ 怎么样

(1) 你看_____?　　　　　(2) 我_____看中国电影。

(3) 炒饭的味道_____?　　(4) 我们的_____很不错。

4. 다음 문장이 맞으면 ○, 틀리면 X를 표시하세요.

(1) 你看什么书吗?　　　　　(　　)

(2) 我喜欢喝茉莉花茶。　　　(　　)

(3) 我看想中国电影。　　　　(　　)

(4) 炒饭和炒面的味道很都不错。　(　　)

5. 다음 중국어 문장을 해석해 보세요.

(1) 你想吃什么?　　　　　　Ⓚ_____

(2) 你的手机很不错。　　　　Ⓚ_____

(3) 我想吃饭，你呢?　　　　Ⓚ_____

(4) 你爸爸、妈妈的身体怎么样?　Ⓚ_____

04 | 味道怎么样?

1. 발음의 차이에 주의하며 녹음을 들어 보세요.　🎧 MP3 04-03

(1) zhè kè　　(2) xī sī　　(3) chēn shēn　　(4) zuò shuò

(5) gǒu guǒ　　(6) kān kāng　　(7) tiē jiē　　(8) yuān quān

(9) kuā kuà　　(10) huǐ huì　　(11) rě rè　　(12) shān shǎn

2. 녹음을 듣고 빈칸에 들어갈 알맞은 말을 보기에서 고르세요.　🎧 MP3 w04-04

보기

Ⓐ 炒饭　　Ⓑ 炒面　　Ⓒ 茉莉花茶　　Ⓓ 味道

(1) A : _____怎么样?

　　B : 很不错。

(2) A : 你想吃什么?

　　B : 我想吃_____。

(3) A : 这里*的_____怎么样?

　　B : 很好吃。

💡 这里 zhèlǐ 대 여기, 이곳

(4) A : _____好喝吗?

　　B : 不好喝。

3. 녹음을 듣고 내용과 일치하는 그림을 고르세요.

Ⓐ　　　　　　　Ⓑ　　　　　　　Ⓒ　　　　　　　Ⓓ

(1) _____　(2) _____　(3) _____　(4) _____

4. 녹음을 듣고 빈칸에 알맞은 단어를 받아쓰세요.

(1) 我_____他都想吃饭。

(2) 我们_____，怎么样？

(3) 我不想吃_____，你呢？

(4) 炒饭_____吗？

5. 녹음의 대화를 듣고 다음 질문에 알맞은 답을 중국어로 쓰세요.

(1) 여자의 친구는 무엇을 먹고 싶어 하나요?

　Ⓒ _____

(2) 볶음면의 맛은 어떤가요?

　Ⓒ _____

(3) 남자는 무엇을 먹고 싶어 하나요?

　Ⓒ _____

(4) 여자는 무슨 영화를 보고 싶어 하나요?

　Ⓒ _____

06 | 她多大了？

说 말하기

1. 다음 문장을 중국어로 말해 보세요.

  (1) 너 올해 몇 살이니?   (2) 너희 집 식구가 몇 명이야?

  (3) 네 형 대학생이니?   (4) 이 사람은 누구야?

2. 다음 질문에 어울리는 대답을 중국어로 말해 보세요.

  (1) 他今年多大了?   (2) 他在哪儿工作?

  (3) 他是大学生吗?   (4) 他是谁?

3. 다음 밑줄 친 부분에 어울리는 질문을 중국어로 말해 보세요.

  (1) A : ＿＿＿＿＿＿＿＿＿＿   (2) A : ＿＿＿＿＿＿＿＿＿＿

     B : 他是我弟弟*。   🔎 弟弟 dìdi 몡 남동생   B : 今年二十岁了。

  (3) A : ＿＿＿＿＿＿＿＿＿＿   (4) A : ＿＿＿＿＿＿＿＿＿＿

     B : 五岁了。   B : 她是我妹妹。

4. 다음 대화의 밑줄 친 부분을 제시된 중국어로 바꾸어 말해 보세요.

  (1) A : 这是谁?
     B : 这是我妈妈。

       제시어 ▶ ① 我妹妹 ② 我弟弟 ③ 我哥哥 ④ 我姐姐

  (2) A : 你家有几口人?
     B : 我家有四口人。

       제시어 ▶ ① 两口人 ② 三口人 ③ 五口人 ④ 六口人

(3) A: 你有汉语词典*吗?

B: 有。

> 제시어 ▶ ① 手机　　② 汉语书　　③ 哥哥　　④ 姐姐

🔑 词典 cídiǎn 명 사전

(4) A: 她多大了?

B: 二十五岁了。

> 제시어 ▶ ① 多大年纪 / 八十岁　　② 多大 / 三十八岁
> ③ 几岁 / 七岁　　④ 多大 / 二十一岁

5. 제시된 단어를 포함하여 그림의 상황에 알맞은 대화를 만들어 보세요.

(1)

> 제시어 ▶ 多大 / 岁

A :

B :

(2)

> 제시어 ▶ 姐姐 / 大学生

A :

B :

(3)

> 제시어 ▶ 朋友 / 有

A :

B :

(4)

> 제시어 ▶ 哥哥 / 帅

A :

B :

🔑 帅 shuài 형 멋있다

06 | 她多大了?

写 쓰기

1. 다음 단어를 바르게 써 보세요.

谁 谁 谁 谁 谁 谁 谁 谁 谁 谁

| 谁 shéi | 谁 shéi | | | |

岁 岁 岁 岁 岁 岁

| 岁 suì | 岁 suì | | | |

工 工 工 / 作 作 作 作 作 作 作

| 工作 gōngzuò | 工作 gōngzuò | | | |

学 学 学 学 学 学 学 学 / 生 生 生 生 生

| 学生 xuésheng | 学生 xuésheng | | | |

可 可 可 可 可 / 爱 爱 爱 爱 爱 爱 爱 爱 爱 爱

| 可爱 kě'ài | 可爱 kě'ài | | | |

2. 다음 단어의 중국어와 한어병음을 쓰세요.

(1) 아빠　　ⓒ_____　ⓟ_____

(2) 엄마　　ⓒ_____　ⓟ_____

(3) 형/오빠　ⓒ_____　ⓟ_____

(4) 누나/언니　ⓒ_____　ⓟ_____

(5) 남동생　ⓒ_____　ⓟ_____

(6) 여동생　ⓒ_____　ⓟ_____

3. 다음 제시된 중국어를 재배열하여 문장을 완성하세요

(1) 姐姐 / 大学生 / 是　　　　　　▶_____

(2) 多大 / 你 / 了 / 弟弟 / 今年　　▶_____

(3) 有 / 现在* / 吗 / 汉语 / 词典 / 你　▶_____

　　　　　　　　　　　　　　　　　　🔑 现在 xiànzài 몡 현재

(4) 我妹妹 / 都 / 我 / 大学生 / 是 / 和　▶_____

4. 다음 문장을 중국어로 바꾸어 쓰세요.

(1) 나는 이미 일 해.　　　　ⓒ_____

(2) 너 올해 20살이니?　　　ⓒ_____

(3) 그 사람은 여동생이 없어.　ⓒ_____

(4) 나는 중국 친구가 한 명 있는데, 그녀는 아주 귀여워.

　　　　　　　　　　　　　ⓒ_____

5. 다음 주어진 대상에게 나이를 묻는 알맞은 표현을 중국어로 쓰세요.

(1) 어린아이에게　　　　ⓒ_____

(2) 젊은 사람에게　　　　ⓒ_____

(3) 중년에게　　　　　　ⓒ_____

06 她多大了?

读 읽기

1. 다음 문장을 소리 내어 읽어 보세요.

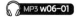

这是我家的全家福。我家有五口人，奶奶、爸爸、妈妈、姐姐和我。
Zhè shì wǒ jiā de quánjiāfú. Wǒ jiā yǒu wǔ kǒu rén, nǎinai、bàba、māma、jiějie hé wǒ.

我奶奶今年八十九岁，她年纪大，可是还很健康。
Wǒ nǎinai jīnnián bāshíjiǔ suì, tā niánjì dà, kěshì hái hěn jiànkāng.

我爸爸今年五十三岁，他很帅；我妈妈今年四十九岁，她很漂亮；
Wǒ bàba jīnnián wǔshísān suì, tā hěn shuài; wǒ māma jīnnián sìshíjiǔ suì, tā hěn piàoliang;

我姐姐今年二十七岁，她很聪明。那我呢？我今年二十一岁，我很可爱。
wǒ jiějie jīnnián èrshíqī suì, tā hěn cōngmíng. Nà wǒ ne? Wǒ jīnnián èrshíyī suì, wǒ hěn kě'ài.

해석

이것은 우리 집 가족사진이다. 우리 집은 할머니, 아빠, 엄마, 언니, 그리고 나 다섯 명이다.
우리 할머니는 올해 89세이시다. 할머니는 연세가 많으시지만 여전히 건강하시다.
우리 아빠는 올해 53세이신데, 아주 멋있으시다. 우리 엄마는 올해 49세이신데, 아주 예쁘시다.
우리 언니는 올해 27세이고, 똑똑하다. 그럼 나는? 나는 올해 21살이고 아주 귀엽다.

2. 빈칸에 들어갈 알맞은 단어를 보기에서 고르세요.

보기

Ⓐ 谁　Ⓑ 哪　Ⓒ 什么　Ⓓ 怎么样

(1) 这是_____的汉语书？

(2) 炒面的味道_____？

(3) 你喜欢_____茶？

(4) 你的朋友是_____国人？

3. 제시된 단어의 알맞은 위치를 고르세요.

(1) 学生　　你 Ⓐ 是 Ⓑ 他 Ⓒ 的 Ⓓ 吗？

(2) 电脑＊　哥哥 Ⓐ 也 Ⓑ 没 Ⓒ 有 Ⓓ 。

　　　　　　　　　　　　🔑 电脑 diànnǎo 명 컴퓨터

(3) 年纪　　你 Ⓐ 爸爸 Ⓑ 今年 Ⓒ 多大 Ⓓ ？

(4) 弟弟　　我 Ⓐ 不 Ⓑ 叫 Ⓒ 王平 Ⓓ ，叫王帅。

4. 다음은 틀린 문장입니다. 올바르게 고치세요.

(1) 我们没有都电脑。　　　　▶ _____

(2) 你家几口人？　　　　　　▶ _____

(3) 你妈妈今年多大了？　　　▶ _____

(4) 他不有中国朋友。　　　　▶ _____

5. 다음 글을 읽고 질문에 답하세요.

　　我家有四口人，爸爸、妈妈、妹妹和我。我爸爸今年五十岁；我妈妈今年四十八岁；我今年二十四岁；我妹妹今年二十三岁。我和我妹妹都是大学生。

(1) 엄마는 연세가 어떻게 되시나요?
　　Ⓐ 五十岁　　Ⓑ 四十八岁　　Ⓒ 四十六岁　　Ⓓ 四十四岁

(2) 다음 중 본문의 내용과 일치하는 것을 고르세요.
　　Ⓐ 我和我妹妹都已经工作了　　Ⓑ 我爸爸和我妈妈都是五十岁
　　Ⓒ 我和我妹妹都是学生　　　　Ⓓ 我爸爸和我妈妈都工作

听 듣기

1. 녹음을 듣고 중국어와 한어병음을 받아쓰세요. **MP3 w06-02**

(1) **C**_____ **P**_____

(2) **C**_____ **P**_____

(3) **C**_____ **P**_____

(4) **C**_____ **P**_____

2. 녹음의 질문을 듣고 알맞은 대답과 연결하세요. **MP3 w06-03**

(1) •   • Ⓐ 我七十八岁了。

(2) •   • Ⓑ 不是，她已经工作了。

(3) •   • Ⓒ 是啊，他五岁了。

(4) •   • Ⓓ 我今年二十岁了。

3. 녹음을 듣고 내용과 일치하는 그림을 고르세요. **MP3 w06-04**

Ⓐ   Ⓑ   Ⓒ   Ⓓ

(1) _____ (2) _____ (3) _____ (4) _____

4. 녹음의 대화와 질문을 듣고 질문에 알맞은 대답을 중국어로 쓰세요. 🎧 MP3 w06-05

(1) Ⓒ _____

(2) Ⓒ _____

(3) Ⓒ _____

(4) Ⓒ _____

5. 녹음의 이야기를 듣고 다음 문장이 맞으면 ○, 틀리면 X를 표시하세요. 🎧 MP3 w06-06

(1) 林芳的爸爸是老师。　　　　　(　　)

(2) 林芳有一个姐姐和一个妹妹。　　(　　)

(3) 林芳现在不是大学生。　　　　(　　)

(4) 林芳的姐姐今年二十五岁。　　(　　)

🔑 医生 yīshēng 몡 의사, 의원

08 | 国家图书馆在哪儿?

说 말하기

1. 다음 문장을 중국어로 말해 보세요.

   (1) 나는 그 사람과 영화를 보러 가고 싶어.　　(2) 그럼 지금 바로 시작합시다.

   (3) 나는 시간이 없어.　　(4) 은행은 학교 근처에 있어.

2. 다음 질문에 어울리는 대답을 중국어로 말해 보세요.

   (1) 银行在哪儿?　　(2) 我们坐什么去?

   (3) 在哪儿下车?　　(4) 你开车回家吗?

3. 다음 밑줄 친 부분에 어울리는 질문을 중국어로 말해 보세요.

   (1) A : _____

   　　B : 好啊，走吧!

   (2) A : _____

   　　B : 我不在家，在学校。

   (3) A : _____

   　　B : 吃炒面就行。

   (4) A : _____

   　　B : 我想坐地铁去。

4. 다음 대화의 밑줄 친 부분을 제시된 중국어로 바꾸어 말해 보세요.

   (1) A : 你在哪儿?
   　　B : 我在家。

   　　제시어 ▶ ① 学校　　② 图书馆　　③ 地铁站　　④ 朋友家

   (2) A : 我们坐什么去?
   　　B : 坐地铁去。

   　　제시어 ▶ ① 坐火车　　② 坐公交车　　③ 开车　　④ 骑车

(3) A : 我们一起去电影院，好不好？

   B : 好啊。

   > 제시어 ▶ ① 看书　② 去喝茶　③ 去玩儿　④ 学习汉语

(4) A : 你在哪儿?

   B : 在家。

   > 제시어 ▶ ① 图书馆 / 那儿　② 银行 / 学校附近
   >
   > ③ 他的公司* / 我们公司附近　④ 我的钱包* / 我这儿

   公司 gōngsī 명 회사 | 钱包 qiánbāo 명 지갑

5. 제시된 단어를 포함하여 그림의 상황에 알맞은 대화를 만들어 보세요.

(1)

> 제시어 ▶ 哪儿 / 家

A :

B :

(2)

> 제시어 ▶ 电影 / 好

A :

B :

(3)

> 제시어 ▶ 汉语书 / 这儿

A :

B :

(4)

> 제시어 ▶ 坐 / 飞机

A :

B :

写 쓰기

1. 다음 단어를 바르게 써 보세요.

站 站 站 站 站 站 站 站 站 站

| 站 | 站 | | | |
| zhàn | zhàn | | | |

坐 坐 坐 坐 坐 坐 坐

| 坐 | 坐 | | | |
| zuò | zuò | | | |

就 就 就 就 就 就 就 就 就 就 就

| 就 | 就 | | | |
| jiù | jiù | | | |

附 附 附 附 附 附 附 / 近 近 近 近 近 近 近

| 附近 | 附近 | | | |
| fùjìn | fùjìn | | | |

出 出 出 出 出 / 发 发 发 发 发

| 出发 | 出发 | | | |
| chūfā | chūfā | | | |

2. 다음 빈칸에 알맞은 동사를 쓰세요.

(1) 他_____飞机去日本。

(2) 今天他_____车回家。

(3) 我_____公交车去学校。

(4) 哥哥_____地铁去图书馆。

3. 다음 제시된 중국어를 재배열하여 문장을 완성하세요.

(1) 去 / 怎么 / 图书馆 　　▶＿＿＿＿＿＿＿＿＿＿＿＿

(2) 时间 / 有 / 你 / 吗 / 今天 　　▶＿＿＿＿＿＿＿＿＿＿＿＿

(3) 现在 / 吧 / 出发 / 就 / 那 　　▶＿＿＿＿＿＿＿＿＿＿＿＿

(4) 电影 / 怎么样 / 星期天 / 一起 / 看 / 我们 　　▶＿＿＿＿＿＿＿＿＿＿＿＿

4. 다음 문장을 중국어로 바꾸어 쓰세요.

(1) 너희 아빠 집에 계시니?

　Ⓒ＿＿＿＿＿＿＿＿＿＿＿＿＿＿＿＿＿＿＿＿＿＿＿

(2) 그들은 모두 학교에 있지 않아.

　Ⓒ＿＿＿＿＿＿＿＿＿＿＿＿＿＿＿＿＿＿＿＿＿＿＿

(3) 내일 우리 함께 영화 보러 영화관에 가자. 어때?

　Ⓒ＿＿＿＿＿＿＿＿＿＿＿＿＿＿＿＿＿＿＿＿＿＿＿

(4) 지하철 4호선을 타고 국립도서관역에서 내리면 돼.

　Ⓒ＿＿＿＿＿＿＿＿＿＿＿＿＿＿＿＿＿＿＿＿＿＿＿

5. 제시된 단어를 이용하여 중국어 문장을 만들어 보세요.

(1) 在 　　Ⓒ＿＿＿＿＿＿＿＿＿＿＿＿＿＿＿＿＿＿＿＿

(2) 就 　　Ⓒ＿＿＿＿＿＿＿＿＿＿＿＿＿＿＿＿＿＿＿＿

(3) 附近 　　Ⓒ＿＿＿＿＿＿＿＿＿＿＿＿＿＿＿＿＿＿＿＿

(4) 一起 　　Ⓒ＿＿＿＿＿＿＿＿＿＿＿＿＿＿＿＿＿＿＿＿

读 읽기

1. 다음 문장을 소리 내어 읽어 보세요.

昨天我认识了一个中国朋友，叫"王平"。
Zuótiān wǒ rènshile yí ge Zhōngguó péngyou, jiào "Wáng Píng".

他家在学校附近，所以他每天骑自行车去学校。
Tā jiā zài xuéxiào fùjìn, suǒyǐ tā měitiān qí zìxíngchē qù xuéxiào.

今天我和王平一起去了国家图书馆。
Jīntiān wǒ hé Wáng Píng yìqǐ qù le Guójiā Túshūguǎn.

国家图书馆在魏公村附近，坐地铁四号线，在国家图书馆站下车就行。
Guójiā Túshūguǎn zài Wèigōngcūn fùjìn, zuò dìtiě sì hàoxiàn, zài Guójiā Túshūguǎn zhàn xià chē jiù xíng.

해석

어제 나는 '왕핑'이라고 하는 한 중국 친구를 만났다.
그의 집은 학교 근처라서 그는 매일 자전거를 타고 학교에 간다.
오늘 나는 왕핑과 함께 국립도서관에 갔다.
국립도서관은 웨이공춘 부근에 있는데, 지하철 4호선을 타고 국립도서관역에서 내리면 된다.

2. 빈칸에 들어갈 알맞은 단어를 보기에서 고르세요.

보기

Ⓐ 啊 Ⓑ 吧 Ⓒ 呢 Ⓓ 吗

(1) 是＿＿＿＿＿＿，我家有六口人。

(2) 我明天不去学校，你＿＿＿＿＿＿？

(3) 你今天下午有时间＿＿＿＿＿＿？

(4) 我们一起去看电影＿＿＿＿＿＿！

3. 제시된 단어의 알맞은 위치를 고르세요.

(1) 怎么　你 Ⓐ 知道 Ⓑ 这个字 Ⓒ 念 Ⓓ 吗?

(2) 哪儿　Ⓐ 那个 Ⓑ 电影院 Ⓒ 在 Ⓓ ?

(3) 附近　Ⓐ 我们的 Ⓑ 学校 Ⓒ 在南山[*] Ⓓ 。　　　📍南山 Nánshān 고유 남산(지명)

(4) 开车　Ⓐ 爸爸 Ⓑ 今天 Ⓒ 去了公司 Ⓓ 。

4. 다음은 틀린 문장입니다. 올바르게 고치세요.

(1) 我的书在他那。　　　▶ _____

(2) 你骑公交车回家吗?　▶ _____

(3) 我家附近在学校。　　▶ _____

(4) 他喜欢学习在图书馆。　▶ _____

5. 다음 글을 읽고 질문에 답하세요.

　　我爸爸每天开车去公司，爸爸的公司在我们学校附近。我和妹妹每天坐爸爸的车去学校。妈妈的公司不在我们学校附近，她每天坐公共汽车去公司。

(1) '나'의 엄마는 매일 어떻게 회사에 가나요?
　　Ⓐ 坐公交车　　Ⓑ 坐地铁　　Ⓒ 开车　　Ⓓ 坐爸爸的车

(2) '나'와 여동생은 왜 매일 아빠와 함께 학교에 가나요?
　　Ⓐ 学校很近[*]　　　　　Ⓑ 妈妈坐公交车去公司
　　Ⓒ 爸爸的公司在学校附近　　Ⓓ 爸爸的公司很远[*]

📍近 jìn 형 (거리가) 가깝다 | 远 yuǎn 형 (거리가) 멀다

08 | 国家图书馆在哪儿?

1. 녹음을 듣고 빈칸에 알맞은 중국어를 받아쓰세요. 　🎧 MP3 w08-02

(1) 北京站_____?

(2) 我们一起_____，好不好?

(3) 我们_____出发吧。

(4) 坐_____人太多，_____吧。

2. 녹음의 질문을 듣고 알맞은 대답과 연결하세요. 　🎧 MP3 w08-03

(1) ●　　　　　　　　　　● Ⓐ 坐公交车去。

(2) ●　　　　　　　　　　● Ⓑ 在我这儿。

(3) ●　　　　　　　　　　● Ⓒ 坐四号线，在明洞*站下车。

(4) ●　　　　　　　　　　● Ⓓ 在我们学校附近。

🔑 明洞 Míngdòng 고유 명동(지명)

3. 녹음을 듣고 내용과 일치하는 그림을 고르세요. 　🎧 MP3 w08-04

(1) _____　(2) _____　(3) _____　(4) _____

4. 녹음의 대화와 질문을 듣고 질문에 알맞은 대답을 중국어로 쓰세요. MP3 w08-05

(1) c _____

(2) c _____

(3) c _____

(4) c _____

🔑 忙 máng 형 바쁘다 | 太 tài 부 아주, 매우, 몹시

5. 녹음의 이야기를 듣고 다음 문장이 맞으면 ○, 틀리면 X를 표시하세요. MP3 w08-06

(1) 国家图书馆在我家附近。　　　　　(　)

(2) 我朋友来我家跟我见面。　　　　　(　)

(3) 去国家图书馆要坐地铁三号线。　　(　)

(4) 我们在国家图书馆借*了三本书。　　(　)

🔑 借 jiè 통 빌리다

10 | 今天天气真热啊!

说 말하기

1. 다음 문장을 중국어로 말해 보세요.

(1) 너 오늘 최고 온도가 몇 도인지 검색해 봐.

(2) 나는 휴대전화 하나를 살 계획이야.

(3) 날씨가 너무 추우니까 그냥 집에서 공부하는 게 좋겠어.

(4) 봄이 왔구나, 날씨가 참 좋다!

2. 다음 질문에 어울리는 대답을 중국어로 말해 보세요.

(1) 今天天气真冷，多少度啊?

(2) 他是你的朋友吗? 介绍介绍吧。

(3) 你想去逛街吗?

(4) 你打算去看什么电影?

3. 다음 밑줄 친 부분에 어울리는 질문을 중국어로 말해 보세요.

(1) A : ＿＿＿＿＿＿＿＿＿＿＿＿＿＿＿

B : 听天气预报说，今天零下三度。

(2) A : ＿＿＿＿＿＿＿＿＿＿＿＿＿＿＿

B : 还是在家学习吧。

(3) A : ＿＿＿＿＿＿＿＿＿＿＿＿＿＿＿

B : 是啊，你看一看。

(4) A : ＿＿＿＿＿＿＿＿＿＿＿＿＿＿＿

B : 好啊，我也想去图书馆学习。

4. 다음 문장의 밑줄 친 부분을 제시된 중국어로 바꾸어 말해 보세요.

(1) A : 明天天气怎么样?

B : 听天气预报说，明天下雨。

제시어 ▶ ① 很热　　② 下雪　　③ 很冷　　④ 很暖和

(2) A : 我们去公园怎么样?

B : 太冷，还是在家休息吧。

제시어 ▶ ① 去买书　② 去餐厅吃饭　③ 去看电影　④ 去喝咖啡

(3) A : 你们用什么写字?

B : 我们用铅笔*写字。

> 제시어 ▶ ① 喝汤* / 勺子*　　② 打电话 / 手机
> ③ 查生词 / 电子词典*　　④ 看电影 / 电脑

🔑 铅笔 qiānbǐ 몡 연필 | 汤 tāng 몡 국, 탕 | 勺子 sháozi 몡 숟가락 |
电子词典 diànzǐ cídiǎn 몡 전자사전

(4) A : 这是中国菜，你尝一尝吧。

B : 好。

> 제시어 ▶ ① 韩国歌 / 听一听　　② 我写的书 / 看一看
> ③ 中国茶 / 喝一喝　　④ 我买的苹果 / 尝一尝

5. 제시된 단어를 포함하여 그림의 상황에 알맞은 대화를 만들어 보세요.

(1)

> 제시어 ▶ 热 / 最高气温

A :

B :

(2)

> 제시어 ▶ 明天 / 查

A :

B :

(3)

> 제시어 ▶ 打算 / 学汉语

A :

B :

(4)

> 제시어 ▶ 逛街 / 不

A :

B :

10 | 今天天气真热啊!

写 쓰기

1. 다음 단어를 바르게 써 보세요.

热 热 热 热 热 热 热 热 热 热

热	热				
rè	rè				

查 查 查 查 查 查 查 查 查

查	查				
chá	chá				

快 快 快 快 快 快 快

快	快				
kuài	kuài				

逛 逛 逛 逛 逛 逛 逛 逛 逛 / 街 街 街 街 街 街 街 街 街 街 街 街

逛街	逛街				
guàngjiē	guàngjiē				

清 清 清 清 清 清 清 清 清 清 清 / 楚 楚 楚 楚 楚 楚 楚 楚 楚 楚 楚 楚 楚

清楚	清楚				
qīngchu	qīngchu				

2. 다음 단어의 중국어와 한어병음을 쓰세요.

(1) 봄 ⓒ＿＿＿＿ ⓟ＿＿＿＿

(2) 여름 ⓒ＿＿＿＿ ⓟ＿＿＿＿

(3) 가을 ⓒ＿＿＿＿ ⓟ＿＿＿＿

(4) 겨울 ⓒ＿＿＿＿ ⓟ＿＿＿＿

(5) 따뜻하다 ⓒ＿＿＿＿ ⓟ＿＿＿＿

(6) 덥다 ⓒ＿＿＿＿ ⓟ＿＿＿＿

(7) 시원하다 ⓒ＿＿＿＿ ⓟ＿＿＿＿

(8) 춥다 ⓒ＿＿＿＿ ⓟ＿＿＿＿

36 오늘 날씨 정말 덥네요!

3. 다음 제시된 중국어를 재배열하여 문장을 완성하세요.

(1) 天气 / 啊 / 真 / 今天 / 热 ▸＿＿＿＿＿＿＿＿＿＿＿

(2) 要 / 我 / 查 / 用 / 电脑 / 生词 ▸＿＿＿＿＿＿＿＿＿＿＿

(3) 去 / 我们 / 中国 / 打算 / 看 / 电影 ▸＿＿＿＿＿＿＿＿＿＿

(4) 你 / 的 / 明天 / 知道 / 多少 / 吗 / ▸＿＿＿＿＿＿＿＿＿＿＿
   气温 / 度 / 是

4. 다음 문장을 중국어로 바꾸어 쓰세요.

(1) 일기예보를 들어 보니 내일 비가 온다고 해.

   Ⓒ＿＿＿＿＿＿＿＿＿＿＿＿＿＿＿＿＿＿＿＿＿＿＿＿＿＿＿

(2) 이 초콜릿 케이크 정말 맛있어. 한번 먹어 봐.

   Ⓒ＿＿＿＿＿＿＿＿＿＿＿＿＿＿＿＿＿＿＿＿＿＿＿＿＿＿＿

(3) 오늘은 날씨가 너무 더우니까 그냥 영화나 보러 가자.

   Ⓒ＿＿＿＿＿＿＿＿＿＿＿＿＿＿＿＿＿＿＿＿＿＿＿＿＿＿＿

(4) 우리 휴대전화로 요즘 재미있는 중국 영화가 있는지 검색해 보자.

   Ⓒ＿＿＿＿＿＿＿＿＿＿＿＿＿＿＿＿＿＿＿＿＿＿＿＿＿＿＿

5. 제시된 동사를 중첩하여 보기와 같이 문장을 만들고 뜻을 쓰세요.

보기

吃　这里的炒面真好吃，你尝一尝吧。 여기 볶음면 정말 맛있어, 너도 맛 좀 봐.

(1) 走　Ⓒ＿＿＿＿＿＿＿＿＿＿＿　Ⓚ＿＿＿＿＿＿＿＿＿＿＿
(2) 听　Ⓒ＿＿＿＿＿＿＿＿＿＿＿　Ⓚ＿＿＿＿＿＿＿＿＿＿＿
(3) 看　Ⓒ＿＿＿＿＿＿＿＿＿＿＿　Ⓚ＿＿＿＿＿＿＿＿＿＿＿
(4) 休息　Ⓒ＿＿＿＿＿＿＿＿＿＿＿　Ⓚ＿＿＿＿＿＿＿＿＿＿＿

10 今天天气真热啊!

1. 다음 문장을 소리 내어 읽어 보세요.

今天天气非常热。听天气预报说，今天最高气温三十八度。
Jīntiān tiānqì fēicháng rè. Tīng tiānqì yùbào shuō, jīntiān zuì gāo qìwēn sānshíbā dù.

所以我打算今天在家休息休息。可是我的男朋友想去公园散散步，
Suǒyǐ wǒ dǎsuàn jīntiān zài jiā xiūxi xiūxi. Kěshì wǒ de nán péngyou xiǎng qù gōngyuán sànsàn bù,

我觉得散步太热了，还是在家休息更好。
wǒ juéde sànbù tài rè le, háishi zài jiā xiūxi gèng hǎo.

可是男朋友不想在家休息，最后我们决定一起去看电影。
Kěshì nán péngyou bù xiǎng zài jiā xiūxi, zuìhòu wǒmen juédìng yìqǐ qù kàn diànyǐng.

해석

오늘 날씨는 대단히 덥다. 일기예보를 들어 보니 오늘 최고 기온이 38도라고 한다.
그래서 나는 오늘 집에서 좀 쉴 계획이었다. 그러나 내 남자 친구는 공원에 가서 산책을 하고 싶어 했고,
나는 산책하기에는 너무 더우니 그냥 집에서 쉬는 게 더 좋겠다고 생각했다.
하지만 남자 친구는 집에서 쉬고 싶어 하지 않았다. 결국 우리는 함께 영화를 보러 가기로 결정했다.

2. 빈칸에 들어갈 알맞은 단어를 보기에서 고르세요.

보기

Ⓐ 尝一尝　Ⓑ 用　Ⓒ 介绍介绍　Ⓓ 打算

(1) 他＿＿＿＿＿＿电子词典查生词。

(2) 你＿＿＿＿＿＿这个菜吧。

(3) 我＿＿＿＿＿＿下个星期去中国。

(4) 这是你的朋友吗？你给我＿＿＿＿＿＿吧。

3. 제시된 단어의 알맞은 위치를 고르세요.

(1) **太**   他 Ⓐ 叫 Ⓑ 什么名字，我 Ⓒ 也不 Ⓓ 清楚。

(2) **最**   Ⓐ 今天 Ⓑ 的 Ⓒ 低*气温 Ⓓ 是零下十度。   🔑 低 dī [형] 낮다

(3) **了**   这 Ⓐ 杯咖啡 Ⓑ 太 Ⓒ 甜* Ⓓ ！   🔑 甜 tián [형] (맛이) 달다

(4) **还是**   听说 Ⓐ 明天 Ⓑ 很热，你 Ⓒ 在家 Ⓓ 休息吧。

4. 다음은 틀린 문장입니다. 올바르게 고치세요.

(1) 听说天气预报明天很冷。   ▶ _____

(2) 我们用手机查最近好看的电影。   ▶ _____

(3) 你想看怎么电影？   ▶ _____

(4) 他们去打算看中国电影。   ▶ _____

5. 다음 글을 읽고 질문에 답하세요

　　听天气预报说，今天最低气温零下十二度。我的朋友不想在家休息，想去逛街，可是我觉得太冷，还是去看电影更好。所以我们一起去了电影院，看了一部好看的中国电影。

🔑 部 bù [형] [서적이나 영화를 셀 때 쓰임]

(1) '나'의 친구는 오늘 무엇을 하고 싶어 했나요?
　　Ⓐ 看电影　　Ⓑ 休息　　Ⓒ 在家　　Ⓓ 逛街

(2) '나'는 왜 영화 보는 것이 좋다고 생각했나요?
　　Ⓐ "我" 不想逛街　　　　Ⓑ "我" 想看中国电影
　　Ⓒ 天气太冷　　　　　　Ⓓ "我" 想在家

10 | 今天天气真热啊!

听 듣기

1. 녹음을 듣고 빈칸에 알맞은 단어를 받아쓰세요.　　🎧 MP3 w10-02

(1) 听_____说今天三十八度。

(2) 我_____去中国留学*。　　🔑 留学 liúxué 동 유학하다

(3) 我也不太_____最近有没有好看的中国电影。

(4) 他是你的朋友吗? 你_____吧。

2. 녹음을 듣고 질문에 알맞은 대답과 연결하세요.　　🎧 MP3 w10-03

(1) ●　　　　　　　● Ⓐ 是的, 你尝一尝吧。

(2) ●　　　　　　　● Ⓑ 我想听韩国歌。

(3) ●　　　　　　　● Ⓒ 我用手机查生词。

(4) ●　　　　　　　● Ⓓ 是的, 明天最低气温零下五度。

3. 녹음의 대화와 질문을 듣고 질문에 알맞은 대답을 중국어로 쓰세요.　　🎧 MP3 w10-04

(1) Ⓒ _____

(2) Ⓒ _____

(3) Ⓒ _____

　　🔑 外面 wàimian 명 바깥, 밖

(4) Ⓒ _____

4. 녹음을 듣고 내용을 중국어로 받아쓰세요. MP3 w10-05

(1) **C** _____

　　　　　　　　　　　　　　　🔑 风 fēng 명 바람

(2) **C** _____

(3) **C** _____

(4) **C** _____

5. 녹음의 이야기를 듣고 다음 문장이 맞으면 ○, 틀리면 X를 표시하세요. MP3 w10-06

(1) 我和我的朋友打算去看一部美国电影。　　　(　　)

(2) 今天的天气不太好，风很大。　　　(　　)

(3) 今天的最低气温是零上*五度。　　　(　　)　　🔑 零上 língshàng 명 영상

(4) 我和我的朋友打算坐地铁去电影院。　　　(　　)

MEMO

MEMO

MEMO